Alimentação,
vida material e privacidade

Uma história social de trabalhadores em
São Paulo nas décadas de 1920 a 1960

Alimentação,
vida material e privacidade

Uma história social de trabalhadores em
São Paulo nas décadas de 1920 a 1960

Jaime Rodrigues

Publishers: Joana Monteleone/ Haroldo Ceravolo Sereza/ Roberto Cosso
Edição: Joana Monteleone
Editor assistente: Vitor Rodrigo Donofrio Arruda
Revisão: João Paulo Putini
Projeto gráfico, capa e diagramação: Patrícia Jatobá U. de Oliveira
Assistente de Produção: João Paulo Putini

CIP-BRASIL. CATALOGAÇÃO-NA-FONTE
SINDICATO NACIONAL DOS EDITORES DE LIVROS, RJ

R613a

Rodrigues, Jaime
ALIMENTAÇÃO, VIDA MATERIAL E PRIVACIDADE: UMA HISTÓRIA SOCIAL DE TRABALHADORES
EM SÃO PAULO NAS DÉCADAS DE 1920 A 1960
Jaime Rodrigues.
São Paulo: Alameda, 2011.
236p.

Inclui bibliografia
ISBN 978-85-7939-093-7

1. Hábitos alimentares – São Paulo (SP) – História – Séc. XX. 2. Política alimentar – São
Paulo (SP) – História – Séc. XX. 3. Nutrição – São Paulo (SP) – História – Séc. XX.
4. Trabalhadores – Nutrição – Séc. XX. I. Título.

11-3131.   CDD: 394.12098161
                        CDU: 392.81(815.6)

                                                        026816

ALAMEDA CASA EDITORIAL
Rua Conselheiro Ramalho, 694 – Bela Vista
CEP 01325-000 – São Paulo – SP
Tel. (11) 3012-2400
www.alamedaeditorial.com.br

Para Orélio Rodrigues (*in memorian*), pela vida.

"Muita tolice já foi escrita sobre os alimentos e,
na verdade, ainda continua a ser".

Charles Bixler Heiser Jr., professor de biologia na Universidade de Indiana, EUA, na
década de 1950, em *Sementes para a civilização: a história da alimentação humana.* São
Paulo: Cia. Ed. Nacional, 1977, p. 41.

"Em 1940
lá no morro começaram o recenseamento
E o agente recenseador
esmiuçou a minha vida
que foi um horror
E quando viu a minha mão sem aliança
encarou para a criança
que no chão dormia
E perguntou se meu moreno era decente
se era do batente ou se era da folia

Obediente como a tudo que é da lei
fiquei logo sossegada e falei então:
O meu moreno é brasileiro, é fuzileiro,
é o que sai com a bandeira do seu batalhão!
A nossa casa não tem nada de grandeza
nós vivemos na fartura sem dever tostão
Tem um pandeiro, um cavaquinho, um
tamborim
um reco-reco, uma cuíca e um violão

Fiquei pensando e comecei a descrever
tudo, tudo de valor
que meu Brasil me deu
Um céu azul, um Pão de Açúcar sem farelo
um pano verde e amarelo
Tudo isso é meu!
Tem feriado que pra mim vale fortuna
a Retirada da Laguna vale um cabedal!
Tem Pernambuco, tem São Paulo, tem Bahia
um conjunto de harmonia que não tem rival"

Assis Valente, *Recenseamento*, gravada por Carmen Miranda. Tico Tico, 1940.

Sumário

Apresentação

Este livro foi escrito aos poucos, ao longo de anos de pesquisa e reflexão. Os três primeiros capítulos surgiram da pesquisa de pós-doutorado que realizei na Faculdade de Saúde Pública da Universidade de São Paulo, entre 2005 e 2006. Os demais foram escritos entre 2007 e 2010, na Universidade Federal de São Paulo, em meio aos cursos, ao desenvolvimento de outras pesquisas e ao cumprimento de obrigações acadêmicas.

Não faltaram ocasiões em que tive de explicar uma aparente mudança de rota e de interesses históricos por causa da temática dos ensaios aqui reunidos. Historiador da escravidão no Brasil dos séculos XVIII e XIX, a história da alimentação começou a despertar meu interesse devido a uma espécie de trauma. A origem disso está no meu livro *De costa a costa: escravos, marinheiros e intermediários do tráfico negreiro de Angola ao Rio de Janeiro (1780-1860)*, publicado em 2005 e que resultou de minha tese de doutorado. Dividido em nove capítulos, o livro deixou de fora o décimo, que deveria versar sobre a alimentação a bordo dos navios negreiros que cruzaram o Atlântico entre Angola e o Rio de Janeiro no período assinalado. Um pouco pela premência de entregar o trabalho e muito em função da dificuldade de encontrar fontes consistentes sobre o assunto, aquele planejado capítulo foi subsumido no livro e um dia, talvez, o retomarei em formato diferente. Ao ouvir esta explicação, e creio que para me alentar, Durval Rosa Borges lembrou certa feita que Gustav Mahler compôs nove sinfonias e deixou a décima incompleta. A diferença, penso eu, além da qualidade das composições, está no fato de que Mahler morreu antes de terminar a obra...

Se a ideia permaneceu latente, uma oportunidade de voltar ao tema por um viés diferente surgiu em 2005. Naquela altura, eu vinha de uma experiência de trabalho em duas instituições: o Centro de Memória da Saúde Pública, desenvolvendo projetos e organizando o acervo arquivístico da Faculdade de Saúde Pública da USP; e o Arquivo Histórico Municipal de São Paulo, que dirigi por um breve período, no qual pude me inteirar melhor acerca da existência de uma documentação praticamente inédita e de importância crucial para a história social da cidade, que compunha o acervo do Departamento de Cultura desde a época em que o mesmo foi criado e dirigido por Mário de Andrade, nos anos 1930, até o início da década de 1960.

Na Faculdade de Saúde Pública, lidando com documentos produzidos desde a década de 1920, interessei-me particularmente pela trajetória de Geraldo Horácio de Paula Souza, fundador do Instituto de Higiene e figura de destaque na história da saúde pública brasileira. Seus variados interesses intelectuais abarcaram as questões alimentares e desembocaram na criação de um Centro de Estudos sobre Alimentação em 1939, que, posteriormente, originaria o curso de Nutrição da Faculdade de Higiene e Saúde Pública, em 1946. A profusão de discursos científicos e propostas políticas de intervenção no consumo alimentar dos populares por parte dos profissionais daquela instituição atraíram minha atenção. Comecei a imaginar a possibilidade de confrontar esses discursos e essas propostas com os comportamentos alimentares empiricamente verificáveis nas cadernetas das Pesquisas de Padrão de Vida que o Arquivo Histórico Municipal de São Paulo conservava, graças à sensibilidade da saudosa Déa Ribeiro Fenelón, que fez recolher e organizar o acervo do

Departamento de Cultura antes que o mesmo se perdesse para sempre. O catálogo desse fundo é, seguramente, o melhor instrumento de pesquisa disponível naquele Arquivo.

Além de cruzar duas práticas sociais e dois núcleos documentais sobre essas mesmas práticas bastante diferentes entre si, estudar os comportamentos alimentares dos trabalhadores paulistanos era uma forma de levar adiante o interesse pela história da alimentação surgido na pesquisa sobre o tráfico de escravos, frustrada ao longo do processo. Assim, os escravos africanos dos séculos XVIII e XIX foram momentaneamente substituídos no rol dos meus interesses pelos trabalhadores assalariados de diferentes origens nacionais reunidos na São Paulo da primeira metade do século XX. De modo geral, era do mundo do trabalho que se tratava, sem adentrar exatamente o ambiente produtivo.

A alimentação, em roupagens variadas, está na ordem do dia no Brasil do século XXI. Certamente, muito desse interesse imediato reside no acompanhamento das políticas públicas emanadas do governo federal, a partir de 2003, quando da criação do Programa Fome Zero e do Ministério do Desenvolvimento Social e Combate à Fome – em cujo organograma inserem-se a Secretaria de Segurança Alimentar e Nutricional e o Conselho Nacional de Segurança Alimentar e Nutricional, responsáveis pela implementação das ações nessa área.[1] O interesse continua vivo quando ouvimos da boca da primeira presidenta

---

1 Na definição do governo federal (2003-2006), segurança alimentar significa "alimentação de qualidade, em quantidade, regularidade e valor nutricional suficientes para a saúde da população". Cf. LOPES, Márcia. "Respeitar o direito à alimentação é lei". Disponível em <http://www. mds.gov.br/noticias/artigo-respeitar-o-direito-a-alimentacao-e-lei/?searchterm=em%20quantidade,%20qualidade%20e%20regularidade%20suficientes>. Para uma discussão do Programa Fome Zero do ponto de vista da Saúde Pública, ver *Saúde e Sociedade*, 12(1), jan./jun. 2003 (número temático: Fome, Pobreza e Saúde Pública).

eleita no país, em 2010, o reconhecimento da necessidade de trabalhar para erradicar a fome que ainda povoa o cotidiano miserável de milhões de brasileiros.

Partindo do presente imediato e da frustração de origem, a alimentação popular era o mote inicial da pesquisa. Porém, a investigação das cadernetas e dos relatórios elaborados pelos pesquisadores do padrão de vida dos paulistanos abriu o caminho para outras abordagens. O que deveriam ser relatórios secos, técnicos e repletos de números, mostrou-se um conjunto de comentários subjetivos sobre a maneira como os trabalhadores viviam, como eram suas casas, suas relações familiares e de vizinhança. Os registros dos pesquisadores também incluíam os argumentos usados pelos trabalhadores e pelas trabalhadoras para responder ou omitir dados na pesquisa, permitindo o afloramento de um cotidiano quase sempre esquecido e tido como menos relevante diante de outras questões privilegiadas na historiografia do trabalho assalariado, como a organização sindical ou similares, demandas políticas e salariais.

O livro foi dividido em seis capítulos, dispostos na ordem cronológica em que foram escritos. No primeiro – *Uma história da alimentação na cidade de São Paulo nas décadas de 1920 a 1950* –, apresento uma proposta de análise do tema. O ponto de partida foi a constatação de uma relativa ausência de estudos sobre a alimentação popular na cidade durante a época delimitada, período de intensa metropolização que tornou São Paulo um palco privilegiado do abastecimento, da regulamentação dos hábitos e comportamentos e dos encontros de grupos sociais e comunidades de diferentes origens, com histórias novas ou antigas de vivência no país. Em razão da abundância de fontes, entendo ser possível viabilizar o estudo da história da alimentação desde a perspectiva da História Social. De um lado, identifico a ampla produção intelectual de profissionais de diferentes inserções e formações acerca dos comportamentos alimentares populares. De outro, vislumbro a possibilidade de acesso a parcelas do universo popular, por meio das pesquisas de padrão de vida e dos inquéritos alimentares realizados nesse período.

No segundo capítulo – *Alimentação popular em São Paulo: políticas públicas, discursos técnicos e práticas profissionais* –, discuto a construção da imagem da alimentação popular nos meios intelectuais na São Paulo da primeira metade do século XX. Para isso, reconstituí elementos do debate em torno da renda e da ignorância dos mais pobres como motivos da má alimentação. Identificado o problema, as propostas de intervenção e as políticas públicas concentraram-se em alguns setores, abordados no capítulo: métodos para a formação de educadores sanitários aptos a atuar também na educação alimentar; campanhas de instrução popular e ressignificação de outros lugares do aprendizado além das escolas, tais como os centros de saúde e os lares; merenda escolar e outras alternativas alimentares nas escolas; e diagnósticos referentes ao conteúdo e à forma da alimentação dos operários. Traduzidas em discurso técnico-científicos, as propostas e políticas implementadas na cidade deixaram indícios em documentação de suporte e tipologia variados, como fotografias, cartilhas, cartazes, cadernetas de inquéritos e textos acadêmicos.

O terceiro capítulo – *A "alimentação racional": uma proposta de intervenção nas práticas alimentares populares* – trata da criação do conceito político de "alimentação racional" como parte das intervenções sociais planejadas no âmbito do Estado Novo brasileiro e nos anos que se seguiram. Para isso, foi fundamental a adesão e a participação de inúmeros intelectuais das áreas de Nutrição, Medicina, Educação e Ciências Sociais. As ações desses intelectuais se tornaram mais visíveis em congressos de especialistas, em publicações acadêmicas e em revistas e manuais de divulgação voltados para o público escolar, as donas de casa e os operários.

No capítulo 4, o próprio título indica a saída das questões alimentares do centro da cena. *Cotidiano, políticas públicas e cidadãos na São*

Paulo de meados do século XX apresenta o método das pesquisas de padrão de vida a partir da legislação que instituiu o salário mínimo no Brasil, na década de 1930, até a última pesquisa realizada antes do golpe que instaurou a ditadura civil-militar no Brasil dos anos 1960. Esta última pesquisa também foi a primeira realizada após a instituição do décimo terceiro salário no país, em 1962.[2] Aqui, discuto a elaboração intelectual das pesquisas e apresento o universo sobre o qual elas foram aplicadas, indicando as ocupações dos trabalhadores, os bairros da cidade onde viviam as famílias pesquisadas e quem eram os pesquisadores responsáveis pela coleta dos dados.

"O pesquisador é um amigo que trabalha no seu interesse": colaboração e resistência à aplicação das Pesquisas de Padrão de Vida, o quinto capítulo, debruça-se sobre as estratégias dos trabalhadores objetos das pesquisas. A partir da constatação de que as informações que prestavam não se traduziam em salários de fato condizentes com as suas necessidades, os informantes procuraram tirar algum proveito da presença dos pesquisadores – desde favores do poder público até simplesmente se fazerem ouvir e ter suas histórias registradas num documento oficial.

Por fim, o capítulo 6 – *Notas para uma história social da hierarquia, da tensão familiar e do consumo alimentar entre trabalhadores paulistas* – segue o caminho das estratégias populares diante das pesquisas de padrão de vida e também das estratégias dos pesquisadores para obter as informações por vias indiretas ou para saciar uma curiosidade que extrapolava o âmbito da pesquisa, cujo objetivo era definir o valor do salário mínimo. Aqui, as relações familiares ganham relevo, juntamente com o cotidiano no bairro e na vizinhança, mostrando um pouco mais da complexidade da vida comunitária dos trabalhadores na São Paulo daquele período.

---

2   Cf. Lei nº 4.090, de 13 jul. 1962.

Embora dispostos de forma cronológica e sendo relativamente autônomos, os capítulos foram encadeados de forma a apresentar ao leitor uma história que eventualmente lhes soará familiar. Para pessoas da minha geração e das anteriores, algumas questões tratadas no livro ainda estão na memória, e procurei dar-lhes o estatuto de História. Para os mais jovens, é conveniente reafirmar que nem tudo o que vivemos surgiu no presente imediato, e que as lutas por direitos têm uma longa trajetória, sendo a alimentação e a renda apenas alguns desses combates do cotidiano.

Capítulo 1

Uma história da alimentação na cidade de São Paulo entre as décadas de 1920 e 1950[1]

---

1 Este capítulo retoma e modifica uma versão publicada anteriormente. Ver "Por uma história da alimentação na cidade de São Paulo (décadas de 1920 a 1950)". *Revista de Estudios Sociales*, 33: 118-128, 2009.

"A historiografia brasileira da alimentação é muito pobre. É um tema que, efetivamente, ainda não foi descoberto pelos historiadores, embora sua presença possa ser detectada, sempre como apêndice, em várias circunstâncias".

CARNEIRO, Henrique e MENESES, Ulpiano Toledo Bezerra de. "A história da alimentação: balizas historiográficas". *AMP*, 5: p. 52, jan./dez. 1997

Em 2004, durante as comemorações dos 450 anos da fundação de São Paulo, a história da cidade foi abordada a partir de diversos temas, em inúmeras publicações e em diferentes eventos comemorativos. Dentre as publicações, destacou-se uma obra de história geral da cidade, dividida em três volumes, referentes aos três grandes períodos clássicos da história do Brasil: Colônia, Império e República.[2] As contribuições dos autores revelaram o caráter multidisciplinar da obra e uma ampla gama temática, expressas em textos de historiadores, sociólogos, antropólogos, arquitetos, fotógrafos, cientistas políticos, geógrafos e críticos literários.

---

2 PORTA, Paula (org.). *História da cidade de São Paulo*. São Paulo: Paz e Terra, 2005.

Alguns desses temas, como população, ciência, artes plásticas, literatura e música, foram tratados em capítulos excepcionais, no sentido de que atravessaram as temporalidades definidas em cada volume e referiram-se à história da cidade como um todo. A própria dinâmica da história da cidade, expandida espacialmente de forma a romper com a relativa modorra do passado colonial e imperial a partir de fins do século XIX, permitiu tratar desses temas em capítulos únicos, considerando que abrangem assuntos adensados a partir do crescimento acelerado de São Paulo, em população e em importância econômica.

Estes parágrafos não pretendem fazer uma avaliação dos sentidos das comemorações dos 450 anos da cidade, nem de uma das obras mais significativas lançadas na ocasião. Servem, sim, para chamar a atenção sobre uma ausência de peso, ressaltada pela própria organizadora dos volumes. Trata-se da *história da alimentação*, de importância fundamental mesmo em uma obra de referência que tentava sistematizar os grandes temas históricos paulistanos. Em entrevista à imprensa, a organizadora afirmou ter encontrado excelentes pesquisadores para alguns temas "e nenhum para outras poucas áreas, como 'história da alimentação paulistana'".[3]

Apresentada como lacuna historiográfica, a alimentação dos paulistanos foi tratada em escritos esparsos. De fato, pouco foi pesquisado sobre a época em que a cidade assumiu o posto de um dos principais centros urbanos do país, calcado na produção de riquezas decorrentes do processo de industrialização intensiva e na formação de um mercado consumidor importante a partir da concentração demográfica de nacionais e estrangeiros em São Paulo. Estou me

---

3   MACHADO, Cassiano Elek. " 'História da Cidade de São Paulo' conta em quase 2000 páginas 400 anos da capital paulista". *Folha de S. Paulo*, 16 jan. 2005, p. E-8.

referindo ao século XX e àquilo que percebo como um paradoxo da pesquisa sobre a história paulistana nesse período.

Indícios consistentes do século XX ainda presentes no cotidiano do século XXI permitem afirmar o amplo desenvolvimento da cidade em termos de ocupação do solo, demografia, enriquecimento de alguns grupos sociais e diversidade cultural. Aquele período também representou a época de intensificação dos conflitos sociais, ainda que a história da alimentação relacionada à maioria desses eventos não tenha sido objeto de uma reflexão mais exaustiva.

Diálogos bibliográficos

Em seu amplo estudo sobre a alimentação, Henrique Carneiro dedicou-se a um balanço bibliográfico sobre o tema na história do Brasil.[4] Trata-se de um indicador de balizas importantes, que retoma as formulações anteriores de Carneiro e Ulpiano T. B. de Meneses sobre o assunto.[5] Nesse estudo, Carneiro apresenta as obras de Josué de Castro, Luís da Câmara Cascudo e Gilberto Freyre como pioneiras no enfrentamento da questão, ainda que por vieses diferentes: enquanto Castro preocupava-se especialmente com a fome, a Cascudo e Freyre interessavam a comida e seus significados culturais.[6] Se as preocupações de Castro eram de natureza sociológica e de busca de soluções para o problema da fome, Cascudo e Freyre tiveram preocupações históricas mais

---

4 CARNEIRO, Henrique. *Comida e sociedade: uma história da alimentação*. 2ª ed., Rio de Janeiro: Campus, 2003, capítulo "A historiografia da alimentação no Brasil".

5 CARNEIRO, Henrique e MENESES, Ulpiano Toledo Bezerra de. "A história da alimentação: balizas historiográficas". *AMP*, 5: 9-91, jan./dez. 1997.

6 CARNEIRO. *Comida e sociedade*, op. cit., p. 157.

marcantes.[7] Nos estudos dos dois últimos, a culinária, os ingredientes, as receitas e os hábitos foram alguns dos temas privilegiados.

Sociologia e dietética também contribuíram para a definição de balizas nos estudos sobre a alimentação no Brasil, como no caso dos trabalhos de Antonio da Silva Mello. Também não faltaram as intervenções de folcloristas – como Mário Souto Maior e seus trabalhos sobre as interdições alimentares rituais – e dos estudiosos da abordagem literária da alimentação, como Maria José de Queiroz. Os historiadores de ofício não se abstiveram das questões da alimentação, encaradas pela ótica econômica nos estudos sobre a agricultura brasileira (como nos trabalhos de Maria Yedda Linhares e Francisco Teixeira da Silva sobre as populações rurais, as estruturas agrícolas e o abastecimento) ou por um olhar sobre o passado mais preocupado com os aspectos culturais do cotidiano alimentar (como nas obras de Sérgio Buarque de Holanda sobre o bandeirismo e as monções, de Evaldo Cabral de Mello sobre a ocupação holandesa em Pernambuco e de historiadores do período joanino sobre as mudanças de hábitos alimentares, principalmente na Corte).[8]

História e Saúde Pública são campos do conhecimento que têm se cruzado com frequência. Em outras palavras, talvez seja mais correto dizer que os historiadores têm encontrado nas políticas de

---

7   CASTRO, Josué de. *Geografia da fome*. Rio de Janeiro: O Cruzeiro, 1946; CASCUDO, Luis da Câmara. *Cozinha africana no Brasil*. Luanda: Museu de Angola, 1964; *Idem. História da Alimentação no Brasil*. São Paulo: Cia. Ed. Nacional, 1967; *Idem. Prelúdio da cachaça*. Natal: Instituto do Açúcar e do Álcool, 1968; *Idem. Sociologia do açúcar*. Rio de Janeiro: Instituto do Açúcar e do Álcool, 1971; *Idem. Antologia da alimentação no Brasil*. Rio de Janeiro: Livros Técnicos e Científicos, 1977; e FREYRE, Gilberto. *Nordeste: aspectos da influência da cana sobre a vida e a paisagem do nordeste do Brasil*. Rio de Janeiro: José Olympio, 1951.

8   CARNEIRO, *Comida e sociedade, op. cit.*, p. 160-163.

Saúde Pública e na sua repercussão social um campo fértil de análise, tratando-o a partir de seu instrumental e repertório, bem como em perspectiva multidisciplinar.

Sinal disso é a proliferação, nos últimos anos, de estudos históricos cujos temas são claramente buscados no âmbito da saúde pública: epidemias, educação e práticas sanitárias, biografias e formação de profissionais da saúde pública, discursos voltados à saúde de crianças, adolescentes e mães, além da questão ambiental, entre outros.[9] Dentre

---

9 Destaco, entre as publicações mais recentes, a coletânea organizada por CHALHOUB, Sidney *et al. Artes e ofícios de curar no Brasil*. Campinas: Ed. da Unicamp, 2003; MOTT, Maria Lúcia *et al. O gesto que salva: Pérola Byington e a Cruzada Pró-Infância*. São Paulo: Grifo, 2005; BELTRÃO, Jane F. *Cólera, o flagelo da Belém do Grão-Pará*. Belém: Ed. da UFPA; Goeldi Editoração, 2004; BERTUCCI, Liane M. *Influenza, a medicina enferma*. Campinas: Ed. da Unicamp, 2004; ROCHA, Heloísa H. P. *A higienização dos costumes: educação escolar e saúde no projeto do Instituto de Higyene de São Paulo (1918-1925)*. Campinas: Mercado de Letras; São Paulo: Fapesp, 2003; CAMPOS, Cristina. *São Paulo pela lente da higiene: as propostas de Geraldo Horácio de Paula Souza para a cidade, 1925-1945*. São Carlos: Rima; Fapesp, 2001; FARIA, Lina Rodrigues de. "Educadoras sanitárias e enfermeiras de saúde pública: identidades profissionais em construção". *Cadernos Pagu*, 27, jul./dez. 2006; NASCIMENTO, Dilene Raimundo do e CARVALHO, Diana Maul de (orgs.). *Uma história brasileira das doenças*. Brasília: Paralelo 15, 2004; HOCHMAN, Gilberto e ARMUS, Diego. *Cuidar, controlar, curar: ensaios históricos sobre saúde e doença na América Latina e Caribe*. Rio de Janeiro: Ed. Fiocruz, 2004; RODRIGUES, Jaime. "Saúde e artes de curar" e "O Mercado do Valongo". In: *De costa a costa: escravos, marinheiros e intermediários do tráfico negreiro de Angola ao Rio de Janeiro (1780-1860)*. São Paulo: Companhia das Letras, 2005; RODRIGUES, Jaime (org.). *A Universidade Federal de São Paulo aos 75 anos: ensaios sobre história e memória*. São Paulo: Ed. Unifesp, 2008; RODRIGUES, Jaime e BARBIERI, Márcia (orgs.). *Memórias do cuidar: setenta anos da Escola Paulista de Enfermagem*. São Paulo: Ed. Unifesp, 2010.

as temáticas dessa natureza, a alimentação ainda tem merecido pouco destaque na historiografia. Se no Brasil a produção acadêmica é relativamente reduzida (embora de interesse crescente),[10] em outros países a historiografia da alimentação firmou-se como um campo clássico.[11]

O interesse historiográfico sobre a alimentação no Brasil prende-se a momentos distintos. Para os objetivos aqui pretendidos, a historiografia da alimentação apresenta uma problemática evidente: o intervalo entre as épocas colonial e imperial e era do *fast-food* ou a contemporaneidade imediata. Ou seja, praticamente todo o século XX deixou de ser abordado em perspectiva histórica.

Para além dos motivos já apontados, a importância de estudar a história da alimentação paulistana no século XX não reside apenas na metropolização. Entre outras razões que justificam os recortes feitos neste capítulo, é possível afirmar que a São Paulo novecentista é a cidade multicultural por excelência: nela encontraram-se comunidades de

---

10 Destacando-se, entre outros, CARNEIRO. *Comida e sociedade, op. cit.*; CARNEIRO e MENEZES. "A história da alimentação", *op. cit.*; *Estudos Históricos*, 33, jan./jun. 2004 [Dossiê Alimentação]; SANTOS, Carlos R. dos. *História da alimentação no Paraná*. Curitiba: Fundação Cultural, 1995; *História: Questões & Debates*, 22(42), jan./jun. 2005 [Dossiê Alimentação]; *Caderno Espaço Feminino*, 19(1): 2008.

11 Ver, entre outros, FLANDRIN, Jean-Louis e MONTANARI, Massimo (orgs.). *História da alimentação*. São Paulo: Estação Liberdade, 1998; MONTANARI. *A fome e a abundância: história da alimentação na Europa*. Bauru: EDUSC, 2003; GABACCIA, Donna R. *We are what we eat: ethnic food and the making of Americans*. Cambridge: Harvard University Press, 1998; KIPLE, Kenneth (org.). *The Cambridge World History of Food*, 2000; ROCHA, Rui. *A viagem dos sabores: ensaio sobre a historia da alimentação (século IX-XIX) seguido de cem receitas em que vários mundos se encontram*. Lisboa: Inapa; CNCDP, 1998; KIPLE & KING, Virgínia H. *Another dimension to the black diaspora: diet, diseases and racism*. Cambridge, 1981.

imigrantes oriundas de diferentes países e de migrantes de diferentes regiões do Brasil, com hábitos e práticas alimentares, entre outros, os mais diversos. A origem diferenciada da população poderia ser mais marcantes em alguns bairros da cidade do que em outros, como notou Donald Pierson em seu levantamento, feito nos primeiros meses de 1942, sobre os hábitos alimentares de duzentas famílias distribuídas entre bairros de moradias "superiores" e inferiores. Na primeira categoria, incluíam-se Higienópolis, Jardim América e Pacaembu; na segunda, Mooca, Bexiga e Canindé:

> Das amostras tomadas, o maior número de brasileiros foi encontrado no Higienópolis (sic) e no Bexiga, onde 84% dos pais das famílias visitadas eram (...) brasileiros; vindo logo a seguir o Canindé com 68% e Jardim América com 64%. Em mais 8 a 10 por cento das famílias nestas três seções, os pais eram de origem mista, brasileira e estrangeira. Por outro lado, a amostra com menor número de brasileiros é a da Mooca onde, das 50 famílias visitadas, 6% dos pais nasceram no exterior e outros 24% são de origem mista, brasileira e estrangeira. Somente em 10% das famílias visitadas nesta seção, são ambos os pais brasileiros. Das 25 famílias visitadas no Pacaembu, 36% dos pais nasceram no exterior, e mais 24% são de origem mista, brasileira e estrangeira. Em somente quarenta por cento ambos os pais são brasileiros.[12]

Também foi no século XX, mais precisamente a partir da década de 1920, que se definiram os lugares sociais da alimentação como

---

12 PIERSON, Donald. "Hábitos alimentares em São Paulo". *RAMSP*, 98: 48-50, set./out. 1944.

problemas de Saúde Pública, introduzindo novas relações de poder no cotidiano urbano, particularmente entre os escolares e os operários. Nesses lugares sociais, a questão alimentar apresentava-se de forma bastante diferente daquela estudada na historiografia clássica – o bandeirismo, a mineração, a época joanina e as *plantations* escravistas – e da era contemporânea imediata, marcada por *fast-foods*, restaurantes *self-service* por quilo, prato feito, comida industrializada e hábitos globalizados.

A alimentação tem hoje uma visibilidade inusitada e é objeto do interesse de profissionais oriundos de diferentes formações, nas palavras de Sant'Anna. Sugiro, porém, que tal visibilidade não seja exclusiva do presente ou passado mais recente. Já entre as décadas de 1920 e 1950, intelectuais de diversos matizes e inserções profissionais variadas debruçaram-se sobre os problemas alimentares. Naquela época, como agora, a profusão de discursos sobre o tema enraizava a alimentação no âmbito da saúde pública, campo do conhecimento que, desde suas origens, foi marcado pela multidisciplinariedade.

É importante destacar que a alimentação não é domínio exclusivo de nutricionistas ou médicos, mesmo quando a abordagem se faz no campo da Saúde Pública. Impossível negar a importância da atuação desses profissionais para planejar e executar intervenções nos problemas de saúde, em especial os nutricionistas, considerando serem possíveis e desejáveis a profilaxia e a terapêutica muitas vezes sem o recurso exclusivo às drogas sintéticas. A alimentação vem sendo tratada em diversos estudos de Saúde Pública por profissionais que, de modos diferentes, incorporaram abordagens históricas consagradas – como as permanências e mudanças dos hábitos alimentares e dos padrões de consumo alimentar.[13] Também têm sido contemplados aspectos

---

13 TAKASU, Sueli Keiko. *Sabores brasileiros: o Brasil colonial à mesa*. São Paulo, FSP/USP, 2000.

ligados especificamente à memória,[14] e aos hábitos culturais e aspectos simbólicos da alimentação.[15] Essas interpretações de caráter histórico em Saúde Pública se fazem sem perder de vista a contemporaneidade – marco temporal do qual os profissionais dessa área eventualmente se distanciam, mas sem perder o foco no presente, temporalidade de suas intervenções no campo social.[16]

Produtos, propaganda e história da alimentação

Nos últimos anos, o foco das atenções dos historiadores sobre a alimentação mudou. Mas ainda é preciso atentar para as profundas alterações nos hábitos alimentares e na própria organização da sociedade em função da globalização, que se expressaram tanto na "diversificação dos produtos consumidos quanto nas formas sociais desse consumo":

---

14 BRASIL, Bettina G. *Do outro lado do muro: percepções de idosas institucionalizadas sobre a alimentação*. São Paulo, FSP/USP, 2002 (Diss. Mestr. Saúde Pública).

15 ISHII, Midori. *Hábitos alimentares de segmentos populacionais japoneses: histórico da natureza e direção de mudança*. São Paulo, FSP/USP, 1986 (Tese Dout.); BEARDWORTH, Alan e KEIL, Teresa. *Sociology on the menu*. Londres/Nova York: Routledge, 1997; GARCIA, Rosa W. Diez. *A comida, a dieta, o gosto: mudanças na cultura alimentar urbana*. São Paulo, Instituto de Psicologia/USP, 1999 (Tese Dout.); RIAL, Carmen. *Brasil: primeiros escritos sobre comida e identidade*. Florianópolis: UFSC, 2003; CANESQUI, Ana Maria e GARCIA, Rosa Wanda Diez (orgs.). *Antropologia e nutrição: um diálogo possível*. Rio de Janeiro: Ed. da Fiocruz, 2005, entre outros.

16 MONDINI, Lenise e MONTEIRO, Carlos A. "Mudanças no padrão de alimentação da população urbana brasileira (1962-1988)". *Revista de Saúde Pública*, 28(6): 433-439, dez. 1994.

O advento dos restaurantes por quilo, que possibilitaram uma difusão mais ampla de produtos como *sushis* ou salmão, das polpas congeladas de frutas amazônicas, como açaí, cupuaçu ou graviola, de novas frutas exóticas, como kiwi, lichia, mangostin, etc., assim como os impactos dos sistemas de *fast-food*, ainda não foram examinados em todas as suas consequências econômicas, sociais e culturais no Brasil, havendo maior atenção apenas para os aspectos nutricionais abordados pelo ângulo biomédico.[17]

Uma vertente historiográfica mais recente dos estudos sobre alimentação ressalta os aspectos da industrialização e do apelo visual da propaganda. A indústria alimentícia fixava-se nas tentações visuais na propaganda desde muito tempo, com consequências sobre os hábitos alimentares tradicionais e sobre a saúde materno-infantil. Isso pode ser observado na farta publicidade impressa dos alimentos infantis ou destinados às famílias.

A revista *Viver! Mensário de força, saúde e beleza*, editada a partir de 1938, foi pródiga em anúncios desse tipo, como mais tarde seriam *O Cruzeiro* e outras. Naquele mensário, *Farinha Láctea Nestlé*, produzida no Brasil desde 1876, fazia publicar imagens de um bebê "feliz como os pássaros livres" ou portador de uma "vida florescente" por consumir o produto. *Creme de Arroz Reisa* garantia a saúde de um bebê que dormia satisfeito graças à vitaminas que o produto oferecia. *Biomilk* vendia-se como "um alimento ideal para o bebê". *Malzbier* providenciara um desenho de pai, mãe e criança para firmar-se como "a cerveja para todas as idades". *Leite Condensado Moça* seguia a mesma linha, ao estampar figuras de uma criança sendo amamentada, a filha mais velha, a mãe e o pai de uma família consumindo o produto em bolos, passado no

---

17 CARNEIRO. *Comida e sociedade, op. cit.*, p. 164.

pão e misturado ao café, para afirmar que "em casa todos usam Leite Moça". O bebê era quem mais aproveitava: estava "redondo como uma bola. Suas faces têm o colorido das rosas vermelhas. De 3 em 3 horas, está firme na mamadeira de LEITE CONDENSADO DA MARCA MOÇA", produto fabricado no país desde 1921. *Maltogeno*, "para a mãe e filho", era uma "medicação tônica-nutritiva" destinada também às amas de leite. *Nescáo* prometia digestão fácil para as crianças, pois sem isso não haveria alegria. *Vic Maltema*, dado três vezes ao dia aos filhos, garantia uma história de crescimento.[18]

18 *Viver! Mensário de força, saúde e beleza*, 1(8): 73, 15 fev./15 mar. 1939; 2(27): 81, set. 1940; 1(9): 66, 15.mar/15.abr. 1939; 1(15): 82, 15 set./15 out. 1939; 2(20): 3, 15.fev./15 mar. 1940; 2(24): 83, 15 jun./15 jul. 1940; 2(30): 93, dez. 1940; 3(35): 63, maio 1941; 4(38): 67, ago. 1941; 4(41): 79, nov. 1941; 8(89): 10, nov. 1945. As informações sobre as datas de produção podem ser conferidas em VOLPI, Alexandre. *A história do consumo no Brasil*. Rio de Janeiro: Elsevier, 2007, p. 62, que afirma ainda que "em 1926, [a Nestlé] anunciou de forma pioneira uma promoção da Farinha Láctea que oferecia brochuras e amostras grátis ao consumidor que preenchesse e enviasse um cupom pelos correios".

Imagem publicada em Viver! 1(8): 73, 15 fev./15 mar. 1939

Refinações de Milho, Brazil (RMB), filial brasileira da empresa estadunidense *Corn Products Refining Company*, produtora da secular *Maizena*, recomendava a marca a partir do segundo mês de vida, dirigia-se às mães em folhetos de divulgação desse e de outros produtos, como *Karo* e *Dextrosol*.[19] Exportada para o Brasil desde 1874 e produzida no país desde 1906,[20] *Maizena*, ao que tudo indica, teve seu consumo mundialmente impulsionado pela dificuldade no abastecimento de farinha de trigo durante a Segunda Guerra, época em que o amido de milho foi utilizado como sucedâneo para compor a mistura da massa de pães.

O fabricante investia em várias frentes de propaganda. Uma delas foi a televisão, novidade surgida no Brasil em 1950. Com o advento

---

19 *Alimentação do bebê e da criança*. São Paulo: Refinações de Milho, Brazil, s/d.

20 Cf. CAVALCANTI, Pedro e CHAGAS, Carmo. *História da embalagem no Brasil*. São Paulo: Grifo, 2005, p. 59.

televisivo, produtos alimentícios passaram a ser divulgados não apenas nos intervalos comerciais, mas também tinham seus nomes associados aos títulos dos programas, como as *Sabatinas Maizena* e a *Gincana Kibon* (1955), transmitidas pela TV Tupi dos primeiros tempos. Via de regra, a RMB apostava em imagens que denotassem o vigor de quem consumisse *Maizena* e defendia seu uso por gente de diferentes origens, em peças publicitárias veiculadas na mídia impressa até a década de 1950, por exemplo:

> O produto foi representado no centro da cena, na forma de pudim sobre o prato, havendo ao seu redor crianças de diversas nacionalidades ou etnias (...). Nesse exemplo, as gerações foram identificadas a toda a humanidade, como se o artigo agradasse às pessoas dos mais diversos lugares do mundo e isso fosse um motivo a mais para ser adotado pelos consumidores brasileiros.[21]

---

21 BRITES, Olga. *Imagens da infância: São Paulo e Rio de Janeiro, 1930 a 1950*. São Paulo, PUCSP, 1999 (Tese Dout. História), p. 230.

Esta imagem difere da que foi comentada por Brites, mas é igualmente abrangente. Publicada em 1938 e nos anos seguintes, a propaganda faz alusão ao próprio subtítulo da revista onde foi publicada. Meninos e meninas poderiam consumir o produto – portanto, não havia distinção entre sexos, embora o efeito causado fosse diferente. Para meninos, o produto traria "saúde e força", palavras diagramadas sobre a cabeça do menino que flexiona o bíceps diante de uma menina visivelmente impressionada. Para ela, a "beleza" deveria ser mais importante, talvez tanto quanto encontrar alguém forte e saudável do sexo oposto, quando chegasse a hora. *Viver!*, 1(4): 59, 15.out./15 nov. 1938.

Fabricantes das marcas Colombo e Kibon também investiram fortemente em propaganda alimentícia. No caso da Colombo – a mesma marca da confeitaria fundada no Rio de Janeiro em 1894 e que ainda mantém suas portas abertas –, seu produto mais famoso era uma geleia de mocotó feita desde 1916, a partir de um procedimento de conservação que incluía a flambagem com conhaque antes da vedação da tampa. A embalagem de vidro era reaproveitável como copo – um estímulo ao consumo popular. Na década de 1940, alguns pediatras renomados passaram a recomendar o consumo da geleia como complemento alimentar infantil – entre eles o professor de Pediatria da então Universidade do Brasil (atual Universidade Federal do Rio de Janeiro) Rinaldo de Lamare (1910-2002), no *best-seller* "A vida do bebê". Lançado em 1941, o livro encontrava-se na quadragésima segunda edição em 2008.

Kibon, por sua vez, iniciou suas atividades no Brasil em 1942. A linha de montagem brasileira foi instalada no Rio de Janeiro a partir da desmontagem da fábrica de Xangai, para proteger o capital do estadunidense Ulysses Severin Harkson da invasão japonesa na China.[22] Não parece ter sido fácil iniciar uma produção de vulto em plena Segunda Guerra Mundial, com o racionamento de combustíveis e insumos como leite em pó.

Em 1943, *Chicabon*, o primeiro produto registrado pela empresa, adotava uma estratégia de venda calcada no estereótipo das mulheres brasileiras de ascendência africana. Tratava-se de uma receita já fabricada nos Estados Unidos e na China, evidentemente com estratégias diferenciadas para aqueles mercados. No Brasil, além da venda associada ao prazer, como nas campanhas veiculadas durante o Carnaval, a presença de crianças consumindo o sorvete era comum, como num cartaz de meados da década de 1940 em que um menino, ao segurar o picolé, dizia: "Nunca provei nada tão gostoso... Chicabon". A fabricação em São Paulo teve início em 1949, para atender à demanda local e superar a dificuldade em transportar o produto desde o Rio até o mercado paulista, além da necessidade de otimizar as instalações voltadas à fabricação de ovos desidratados na capital paulista e que poderiam servir à industrialização de sorvetes. Novos produtos foram lançados pela empresa nos anos 1950, alguns deles em claras tentativas de modificar

---

22 CAVALCANTI e CHAGAS, *História da embalagem, op. cit.*, p. 136.

hábitos alimentares dos brasileiros – como no caso dos sorvetes de café e de feijão, sucessos no mercado chinês que não obtiveram êxito no Brasil. Em outros casos, os lançamentos eram evidentes concessões ao gosto local, como o sorvete de maracujá.[23]

No presente e no passado recente, o apelo visual não se limita à propaganda. As vitrines de comidas, tanto de doces com confeitos elaborados como de pratos de culinárias específicas, também contribuem para que a alimentação seja, hoje, "um apetitoso espetáculo visual globalizado", acessível não só aos mais abastados, mas a quase toda a população. Atingindo a muitas pessoas, o "espetáculo da alimentação" ampliou ainda mais o espectro das vozes categorizadas para tratar do assunto:

> de esteticistas a esportistas passando por médicos, nutricionistas, psicólogos e terapeutas, a comida tornou-se um importante foco de perturbações e estudos. Ou seja, a nossa época é aquela de uma visibilidade pública inusitada, não somente das imagens da comida, mas, sobretudo, do tema 'alimentação'".[24]

* * *

---

23 Exceto por citação em contrário, os dados sobre os produtos mencionados nesta seção foram coletados junto ao Centro de História Unilever, disponível em <http://search.unilever.com.br/search>. Agradeço a Glaucia Ribeiro de Lima por sugerir essa fonte.

24 SANT'ANNA, Denise B. de. "Bom para os olhos, bom para o estômago: o espetáculo contemporâneo da alimentação". *Pro-Posições* [Campinas], 14(2): 41-42, maio/ago. 2003.

Na primeira metade do século XX, a visibilidade da alimentação já era um dado, embora definido em âmbitos diferentes dos que hoje estamos acostumados. Se não havia *shopping centers* para o deleite do consumo – alimentar, inclusive – da classe média, os temas na ordem do dia eram aqueles voltados aos hábitos populares. Casa, escola e fábrica eram os lugares sociais do consumo alimentar em larga escala em São Paulo. Técnicos e cientistas esquadrinhavam esses lugares a partir de métodos designados, naquela época e ainda hoje,[25] de *inquéritos alimentares*, algumas vezes embutidos em estudos mais amplos: as *pesquisas de padrão de vida*.

Higiene, educação e alimentação

Higienistas, sociólogos, médicos e outros profissionais iniciaram, desde a década de 1920, um debate sistemático sobre diversos aspectos da alimentação popular como fatores do atraso brasileiro. Entre 1 e 7 de outubro de 1923, especialistas dessas áreas reuniam-se no Rio de Janeiro durante o I Congresso Brasileiro de Higiene, presidido pelo médico Carlos Chagas. A importância da alimentação em meio às discussões ocorridas nesse encontro denota que se tratava de um tópico constitutivo das preocupações dos profissionais da Saúde Pública naquele período. Afinal, dos vinte temas oficiais escolhidos para o debate, quatro referiam-se à alimentação, a saber: princípios da fiscalização sanitária dos gêneros alimentícios, abastecimento do leite, alimentação escolar e pré-escolar e alimentação dos soldados

---

25 Cf. FISBERG, Regina M.; MARTINI, Ligia A. e SLATER, Betzabeth. "Métodos de inquéritos alimentares". In: FISBERG, Regina M.; SLATER, Betzabeth; MARCHIONI, Dirce M. L. e MARTINI, Lígia A. (orgs.). *Inquéritos alimentares: métodos e bases científicas*. Barueri: Manole, 2005, p. 1-31.

brasileiros.[26] São Paulo foi representado por uma delegação de cinco membros nesse Congresso, sendo quatro deles ligados ao Instituto de Higiene – Geraldo Horácio de Paula Souza, Francisco Borges Vieira, Antonio de Almeida Júnior e Samuel B. Pessoa –, além do deputado federal Arthur Palmeira Ripper.

Os intelectuais vinculados ao Instituto de Higiene não eram neófitos nessas questões. Nos cursos ministrados naquela instituição de ensino e pesquisa, a inspeção sanitária era parte do exercício próprio à formação dos profissionais em Saúde Pública. A prática revelou-se em estudos realizados desde o início das atividades do Instituto, constando de inspeções nos mercados e no comércio ambulante de produtos como o leite, além das estatísticas sanitárias, de mortalidade e de morbidade.

O esquema utilizado para a orientação dos alunos nas atividades de inspeção sanitária envolvia conhecimentos de topografia, meteorologia, demografia, estatística vital, administração pública, serviços sanitários e recursos contra doenças. Os aspectos a serem considerados nos inquéritos eram, entre outros, água, dejetos, lixos e resíduos, moscas, mosquitos, leite, outros alimentos e habitações.[27]

No mesmo ano em que compusera a representação paulista no congresso de higiene, Almeida Jr. recebeu a tarefa de elaborar uma cartilha de higiene na qual as comidas e bebidas apropriadas às

---

26 *Anais do Primeiro Congresso Brasileiro de Higiene, v. 1: Sessão inaugural e temas oficiais.* Rio de Janeiro: Of. Gráfica da Inspetoria de Demografia Sanitária, 1926, p. 99-138.

27 Ver CMSP, GPS, documentos MI s/d 24, MI 1925.5, PI 1926.2A e PI 1926.2B. Antes mesmo da definição desse esquema, há notícia da realização de inspeções sanitárias, como a de GALVÃO, Mário da C. Inspeção sanitária de Mogy das Cruzes. São Paulo: Casa Druprat, 1922 e a Carta Geral do Estado de S. Paulo, mostrando todos os municípios e principais estradas de rodagem, assinalando as localidades inspecionadas pelos alunos da Faculdade de Medicina em 1923, conforme FO 4257.

crianças em idade escolar ganharam amplo espaço. Ali, nas instruções aos professores, lemos que a prática da higiene seria conseguida com o auxílio de vários fatores, entre eles a investigação acerca da vida doméstica dos alunos:

> a indagação discreta e hábil da vida doméstica do aluno é o caminho que conduz o professor a conhecer e a corrigir os hábitos higiênicos referentes ao sono, ao banho diário, aos dentes, ao regime alimentar, ao uso do fumo e do álcool, e muitos outros.[28]

A importância da alimentação nos encontros de higienistas não arrefeceu ao longo do tempo. Em dezembro de 1948, mais de trezentos especialistas da área reuniram-se em São Paulo para o VII Congresso Brasileiro de Higiene, agora com apoio governamental. Secretariados por Borges Vieira, os trabalhos tiveram lugar na Faculdade de Higiene e Saúde Pública – sucessora do Instituto de Higiene a partir da criação da USP, com a incorporação desta e de outras instituições de pesquisa existentes na cidade. A alimentação mantinha sua relevância temática: a chamada "higiene alimentar" era um dos quatro itens oficiais discutidos no congresso, ao lado da educação sanitária, da higiene rural e da epidemiologia e profilaxia.[29]

Entre 1923 e 1948, a ênfase nos estudos alimentares no âmbito da higiene manteve certos paradigmas e criou novos. Entre os paradigmas

---

28 ALMEIDA JR., A. *Cartilha de higiene para uso das escolas primárias.* São Paulo: Instituto de Higiene, 1923, p. 4.

29 Cf. Programa e Livro de Assinaturas do VII Congresso Brasileiro de Higiene, manuscritos do CMSP.

consagrados, conservava-se a aplicação dos inquéritos alimentares[30] e a importância da educação escolar como fator de correção de hábitos alimentares tidos como pouco saudáveis.[31] Entre os novos objetos de estudo, sinais das mudanças concomitantes à industrialização, podemos relacionar as condições de produção[32] e a conservação e o enriquecimento dos alimentos.[33]

Para alguns membros do Congresso, os hábitos alimentares saudáveis deveriam ser impostos à força, quando não fosse possível implantá-los pela via pedagógica. Ao menos um deles propôs a criação de "pelotões de saúde" e, entre as moções encaminhadas nesse congresso, havia uma endereçada ao governo, pedindo a promulgação de uma lei que facultasse o ingresso dos higienistas nos domicílios com poder de

---

30 Álvaro Vieira de Melo, "Inquérito alimentar na zona do Centro de Saúde Gouvêa de Barros"; Generoso de Oliveira Ponce, "Inquéritos sobre o regime alimentar e estado de nutrição dos convocados na fase anterior à sua apresentação ao Exército"; Jacques Noel Manceau e outros, "Considerações de ordem prática em torno da realização de inquéritos alimentares na Amazônia" e "Dados parciais de um inquérito de alimentação realizado em cidades do Pará". Livro de Atas do VII Congresso Brasileiro de Higiene (doravante simplesmente Livro de Atas), fl. 22v, manuscrito do CMSP.

31 Maria Antonieta de Castro e Lucia Marques Leite, "A influência da ação educativa na correção das principais deficiências nutritivas da população". Livro de Atas, fl. 24.

32 Paiva Ramos, "A erosão, a alimentação e a soja"; Wladimir Besnard, "A produção marinha em face do equilíbrio alimentar das populações – ostras"; Arnaldo Maia, "O problema do leite – produção, higienização, industrialização e distribuição". Livro de Atas, fl. 22-22v.

33 Hilda de Melo Teixeira, "Em torno da conservação de camarões"; Nicolino Morena, "O problema do leite: higienização, industrialização e distribuição"; Dorival da Fonseca Ribeiro, "Alimentos enriquecidos". Livro de Atas, fl. 22v.

polícia.[34] Na mesma ocasião, Paula Souza incumbiu-se de introduzir o tema da fábrica nos debates, informando aos presentes que o estado de São Paulo vinha procurando resolver vários problemas alimentares, "tendo se referido ao trabalho que as cozinhas distritais do Serviço Social da Indústria vêm desenvolvendo nesse particular".[35]

Sondagens dos hábitos populares

As pesquisas de padrão de vida realizadas por técnicos do Departamento de Cultura da Prefeitura do Município de São Paulo entre as décadas de 1930 e 1950 guardam certas semelhanças com as pesquisas atuais de preços ao consumidor, cujo objetivo é definir os índices de inflação e de eventuais reajustes salariais. Porém, tais pesquisas eram aplicadas sobre um público mais restrito do que o atual: destinavam-se às famílias de trabalhadores fabris ou em serviços, de todo modo, de baixa renda. Havia treinamento específico ao pesquisador, ensinando-o como abordar membros dessas famílias e convencê-los a participar da coleta de dados.[36]

A coleta e a tabulação dos dados dessas pesquisas são fontes históricas praticamente inéditas, tanto naqueles estudos focados na organização dos operários, quanto nos estudos sobre os hábitos alimentares dessa camada social. No primeiro caso, as condições de vida do operariado foram abordadas, sobretudo, nos estudos acerca das moradias, fossem elas cortiços e vilas operárias, ou nas propostas de intervenções

---

34 "Ata da 9ª Sessão Ordinária". Livro de Atas, fls. 24v-25.

35 "Ata da 9ª Sessão Ordinária". Livro de Atas, fl. 25v.

36 Cf. AHMSP/DC/DEDS, Material de Campo e de Análise, Caixa 11, doc. 24, ago. 1951.

urbanas que atingissem as áreas habitadas pelos trabalhadores.[37] A mobilização popular em torno da habitação tem atraído mais a atenção dos pesquisadores do que o tema da alimentação. Exceto nas questões referentes à carestia, a alimentação não parece ter estado no centro das reivindicações dos trabalhadores e, portanto, parece ter deixado menos indícios para a pesquisa histórica.

As pesquisas de padrão de vida foram aplicadas principalmente às famílias de trabalhadores e, apesar de disponibilizarem informações importantes sobre o cotidiano deles e de suas famílias, raramente foram analisadas na ampla historiografia do mundo do trabalho em São Paulo nesse período. Uma certa leitura da obra de E. P. Thompson ajuda a entender a pouca relevância dada às fontes de ordem quantitativa e serial, como são as pesquisas de padrão de vida. Em seu trabalho, Thompson ressaltou o uso de tecnologias que permitiram melhorar colheitas e moradias e encontrar novas soluções médicas para enfermidades antigas na era da Revolução Industrial inglesa. Tudo isso resultou em melhorias no padrão de vida da classe trabalhadora daquele país, identificáveis nas estatísticas de saúde e de mortalidade.[38] No entanto, tendo em vista que o interesse daquele historiador era a formação da classe operária enquanto classe consciente e que lutava por seus

---

37 Ver, entre outros, CARPINTERO, Marisa V. T. *A construção de um sonho: os engenheiros – arquitetos e a formulação da política habitacional no Brasil (São Paulo, 1917/1940)*. Campinas: Ed. da Unicamp, 1997; LEMOS, Carlos. "Os primeiros cortiços paulistanos". In: SAMPAIO, Maria Ruth A. de (coord.). *Habitação e cidade*. São Paulo: FAU/USP; Fapesp, 1998; GRONSTEIN, Marta Dora. *A cidade clandestina: os ritos e os mitos. O papel da irregularidade na estruturação do espaço urbano no município de São Paulo, 1900-1987*. São Paulo, FAU/USP, 1987 (Tese Dout.).

38 THOMPSON, E. P. *A formação da classe operária inglesa, v. II: A maldição de Adão*. Rio de Janeiro: Paz e Terra, 1987, p. 184-202.

interesses diante de seu oponente social, a questão do padrão de vida colocava-se como de ordem secundária.

Isso não impediu Thompson de dedicar ao assunto um denso capítulo de sua obra mais conhecida. Nele, o autor apontou a controvérsia sobre os padrões de vida da classe operária, ressaltando a alimentação, o vestuário e a habitação como os principais indicadores desses padrões. Os componentes da dieta alimentar dos trabalhadores, os preços, a carestia, as áreas de cultivo e as mudanças de hábitos traduziram-se em uma "autêntica luta de classes" na Inglaterra das primeiras décadas do século XIX. Embora atente para as relações entre a elevação dos preços ou abundância de produtos e a diminuição ou aumento do consumo, Thompson também chama a atenção para a questão cultural envolvida na dieta – ao mencionar, por exemplo, o caso dos trabalhadores rurais e mineiros e seus hábitos de ingestão de bebidas alcoólicas, em especial de cerveja, "essencial para o desempenho de qualquer trabalho pesado".[39]

Discurso científico e sua sistematização

Autores brasileiros têm trazido novas abordagens aos estudos históricos sobre a alimentação, debruçando-se sobre o tema a partir de suas próprias perspectivas e áreas de formação. Sociólogos, por exemplo, interessam-se há tempos pelas condições alimentares das classes populares paulistanas, principalmente pela via das pesquisas de padrão de vida e da tabulação dos dados seriais colhidos pelos métodos da sociologia norte-americana da Escola de Chicago. As quantificações e estatísticas que permitiam formular políticas públicas alimentares também estiveram no horizonte das preocupações dos profissionais da saúde pública, reunidos no Instituto de Higiene a partir de 1918,

---

39 *Idem, Ibidem*, p. 180-183.

que se empenharam também em aplicar inquéritos alimentares desde a década de 1930.[40] As semelhanças nas metodologias utilizadas demonstram que a aplicação dos inquéritos alimentares e das pesquisas de padrão de vida representavam uma soma de esforços de órgãos públicos – como o *Instituto de Higiene*, vinculado ao governo estadual paulista, e a *Divisão de Estatística e Documentação Social* do *Departamento de Cultura*, vinculada à administração municipal paulistana – e de instituições privadas como a *Escola de Sociologia e Política*, onde militaram profissionais dos órgãos públicos supramencionados e onde lecionaram professores da Sociologia Aplicada norte-americana até a década de 1950, tais como Samuel H. Lowrie, Donald Pierson e Talcott Parsons. Geraldo Horácio de Paula Souza, um dos fundadores do Instituto de Higiene, também cursou disciplinas na Escola de Sociologia e Política[41] e instrumentalizou-se para a aplicação

---

40 VASCONCELLOS, Maria da Penha C. (coord.). *Memórias da saúde pública: a fotografia como testemunha.* São Paulo: Hucitec/ABRASCO, 1995, p. 63. Ver também PEREGRINO JR., João. *Alimentação, problema nacional.* Rio de Janeiro: s/e, 1941, p. 26, ao mencionar que "em São Paulo também foram publicados inquéritos sobre alimentação por Paula Souza e outros". Menção elogiosa também pode ser vista em MOSCOSO, Alexandre. *Alimentação do trabalhador.* 3ª ed., Rio de Janeiro: Serviço de Propaganda e Educação Sanitária do MEC, 1940, p. 5.

41 No arquivo de Paula Souza, encontramos a "Carteira de estudante da Escola Livre de Sociologia e Política" atribuída ao titular, com a inscrição "frequenta todos os cursos como ouvinte", cf. GPS, doc. DP 1933.2. Para a metodologia de organização e uma breve descrição do conteúdo desse arquivo, ver RODRIGUES, Jaime. "Arquivo 'Geraldo Horácio de Paula Souza': um acervo sobre História e Saúde". Patrimônio e Memória, 4(1): 1-15, 2008 e *Idem. Inventário analítico do Arquivo Geraldo Horácio de Paula Souza.* São Paulo: FSP/USP, 2006.

desses métodos, especialmente nos inquéritos alimentares e nas estatísticas epidemiológicas.

Os indícios que restaram das pesquisas de padrão de vida aplicada sem São Paulo até meados do século XX atestam a importância do item *alimentação* em tais levantamentos. Em todas essas pesquisas, o papel dos professores ligados à Escola de Sociologia e Política foi relevante, tendo aquela instituição coordenado as três primeiras de uma série de seis pesquisas, realizadas entre as décadas de 1930 e 1950.[42]

A primeira teria sido aplicada em 1934, sob a coordenação do professor Horace Davis, "um dos primeiros professores norte-americanos contratados para ensinar sociologia na escola recém-criada em 1933".[43] O trabalho cumpriu principalmente funções pedagógicas, na formação e treinamento dos alunos da Escola de Sociologia e Política:

> Foi uma pesquisa mais ou menos livre (...) e os alunos se orientavam até certos setores da cidade, certos bairros, entrevistavam mais ou menos a esmo, não havendo, portanto, uma metodologia adequada nesse aspecto nem se baseando num cadastro de domicílios.

---

42 SOARES, José Maurício. "Custo de vida e salário". *Anais do Terceiro Encontro Regional de Tropicologia*. [Aracaju, 1986]. Recife: Massangana, 1990, p. 125-133. A citação do parágrafo seguinte foi retirada deste mesmo texto. Ver ainda DIÉGUEZ, Carla R. M. Alonso e VECCHIO, A. (orgs.). *As pesquisas sobre padrão de vida dos trabalhadores da cidade de São Paulo: Horace Davis e Samuel Lowrie, pioneiros da sociologia aplicada no Brasil*. São Paulo: Escola de Sociologia e Política, 2008.

43 Cf. MENDES, Rogério Baptistini. "O Dia do Trabalho, a Escola de Sociologia e Política e o salário mínimo". Disponível em <http://www.fespsp.com.br/noticias/diadotrabalho-010506-20h.htm>, acessado em maio 2008.

A primeira pesquisa sistemática deteve-se sobre os metalúrgicos da Usina Santa Olímpia, em 1937, dela restando um único registro nos arquivos do Departamento de Cultura.[44] Samuel Lowrie coordenou a terceira pesquisa, em 1936-1937, introduzindo a novidade metodológica de aplicação dos questionários em um grupo delimitado: os funcionários da limpeza pública municipal – que, juntamente com os operários, eram as categorias profissionais que enfrentavam as piores condições familiares de alimentação.[45] Essa pesquisa teria originado o índice de custo de vida da Prefeitura de São Paulo, e foi sistematizada em artigo de Lowrie, publicado um ano depois da coleta dos dados.[46]

A quarta pesquisa foi levada a cabo entre 1951 e 1952, pela Divisão de Estatística e Documentação Social da Prefeitura de São Paulo e aplicada às famílias de trabalhadores. A quinta pesquisa, também realizada em 1952, se fez sob os auspícios de Josué de Castro, na época presidente da Comissão Nacional do Bem-Estar Social, e inquiriu os operários têxteis e metalúrgicos paulistanos.[47] Finalmente, a sexta

---

44 MENDES, "O Dia do Trabalho...", afirma que "em 1941, a Escola de Sociologia e Política de São Paulo organizou nova pesquisa, desta feita na cidade Olímpia, no interior do estado, junto aos operários de uma indústria metalúrgica". Creio tratar-se de um engano, já que as datas não coincidem e Olímpia é uma localidade distante da capital, sem base industrial ou concentração populacional que justificasse a empreitada. No AHMSP/DC/DEDS encontra-se apenas a caderneta referente à Usina Santa Olímpia, caso 468, preenchida entre 19 de abril e 29 de maio de 1937.

45 Cf. AMARAL, Francisco P. do. *O problema da alimentação*. Rio de Janeiro: José Olympio, 1963, p. 213.

46 LOWRIE, Samuel H. "Padrão de vida dos operários da limpeza pública de São Paulo". *RAMSP*, 51, out. 1938.

47 Criador de diversas instituições realizadoras de políticas alimentares estatais, Castro divergia de Gilberto Freyre "no sentido de que [para Castro] a superioridade versus inferioridade dos povos tinha como causa a fome",

pesquisa foi feita em 1958, tendo como alvo as famílias de trabalhadores cujos sindicatos eram filiados ao DIEESE – o Departamento Intersindical de Estatísticas e Estudos Socioeconômicos –, que realizava sua primeira pesquisa de padrão de vida.

Além das pesquisas de preços e padrão de vida, nas quais a alimentação representava um item de peso relevante, os inquéritos alimentares propriamente ditos também foram aplicados com outras intenções diferentes: a de se chegar a uma nova composição do salário mínimo ou aos indicadores do custo de vida, conforme determinava a legislação federal.[48] Dentre esses inquéritos, destacaram-se aqueles feitos por educadoras sanitárias formadas pelo Instituto de Higiene. O primeiro inquérito foi aplicado entre os anos de 1932 e 1933 e sistematizado por Geraldo Horácio de Paula Souza, então diretor do Instituto, em parceria com Ulhôa Cintra e Pedro Egídio de Carvalho.[49]

Os dados seriais são importantes para a análise dos hábitos alimentares e sua permeabilidade a mudanças dadas por diferentes motivos – entre eles a convivência em um novo universo cultural (o que pode ser pensado com relação às colônias de migrantes nacionais ou de imigrantes estrangeiros e à adaptação de seus cardápios aos ingredientes disponíveis na nova terra) e a influência da propaganda de produtos alimentícios industrializados.

---

cf. OLIVEIRA, Corinta M. de. *Arautos da nutrição: uma palavra em "merenda escolar"*. Itabuna: Agora, 2003, p. 24-26.

48 Nos termos da Lei nº 185, de 14 jan. 1936, disponível em <http://www6.senado.gov.br/legislacao/ListaPublicacoes.action?id=21191>, regulamentada pelos decretos-leis nº 399, de abril de 1938 e nº 2.162, de 1º de maio de 1940.

49 SOUZA, Geraldo Horácio de Paula; CINTRA, Antônio de Ulhoa e CARVALHO, Pedro Egídio de. "Inquérito sobre alimentação popular em um bairro de São Paulo". *BIHSP*, 58, 1935.

Além das informações contidas nos questionários e cadernetas das pesquisas e nas instruções aos pesquisadores, também é preciso analisar a produção intelectual dos profissionais que conceberam as metodologias das pesquisas de padrão de vida e dos inquéritos alimentares.[50] Do mesmo modo, é necessário refletir a respeito da importância do discurso da higiene alimentar sobre as classes populares e as eventuais resistências da população em fornecer os dados requisitados pelos pesquisadores. Tal procedimento abre novas perspectivas ao estudo da história da alimentação em São Paulo no período delimitado.

Ao aplicarem as pesquisas entre as famílias, os pesquisadores estavam cumprindo preceitos legais que reconheciam a "necessidade de estabelecer salários que satisfaçam as exigências da vida atual. Para isso, é necessário conhecer o custo da vida e é esta a finalidade da nossa pesquisa". Podemos ler estas palavras nas contracapas das cadernetas de coleta de dados familiares, introduzindo orientações que solicitavam o preenchimento exato das tabelas.[51] Nelas, os informantes deveriam inventariar o consumo de alimentos comprados para a casa, as refeições feitas fora do lar, os gastos com produtos de higiene e limpeza,

---

50 A partir da aplicação dessas PPVs, foram produzidos alguns textos de análise pelos coordenadores dessas pesquisas. Ver, entre outros: LOWRIE, Samuel H. "Ascendência das crianças registradas nos parques infantis de São Paulo". *RAMSP*, 41, nov. 1937; *Idem*. "Origem da população da cidade de São Paulo e diferenciação das classes sociais". *RAMSP*, 43, jan. 1938; ARAÚJO, Oscar Egídio de. "A alimentação da classe obreira de São Paulo". *RAMSP*, 69: 91-116, ago. 1940; *Idem*. "Orçamentos familiares internacionais". *RAMSP*, 74: 217-232, fev./mar. 1941 e "Pesquisas e estudos econômicos". *RAMSP*, out./dez. 1943.

51 Esse documento, impresso e padronizado, foi utilizado nas PPVs de 1937, 1951/1952 e 1963, que serão estudadas aqui, e pode ser encontrado, entre outros, em AHMSP/DC/DEDS, Material de Campo e de Análise, Caixa 11, doc. 22.

moradia, condução e lazer, entre outros. As anotações seriam feitas dia a dia, assinalando também a quantidade consumida e o preço de cada item. O formulário previa ainda campos para anotar a quantidade de moradores do domicílio, o grau de parentesco entre eles, informações sobre a escolaridade, idade e sexo. Nas pesquisas aplicadas pela Divisão de Estatística e Documentação Social na década de 1950, previa-se a anotação da nacionalidade, da ocupação e do número de horas trabalhadas por dia pelos informantes. Em muitos casos (mas não em todos), temos a inscrição do endereço domiciliar nas cadernetas, uma fonte de preciosas informações para o mapeamento da população paulistana conforme seus rendimentos e hábitos.

A intenção aparentemente nobre de pesquisar o padrão de vida para compor salários condizentes às necessidades "da vida atual" não resultou em salários efetivamente maiores. Os informantes muitas vezes percebiam que essas pesquisas não se traduziam em melhores salários ou em políticas públicas relacionadas a qualquer um dos itens pesquisados – alimentação, moradia, transporte e lazer, por exemplo. É o que podemos entrever no texto escrito por um dos pesquisadores responsáveis pela aplicação dos questionários, ao receber de volta a caderneta de uma família moradora do Pari: "A esposa do indicado disse-me que não tem paciência para estar marcando, que levasse embora a caderneta, que não interessa fazer estas marcações".[52]

É por intervenções desta natureza que a abordagem do tema a partir do instrumental da História Social pode trazer novas contribuições para a compreensão dos significados da alimentação na cidade de São Paulo durante a primeira metade do século XX.

Algumas possibilidades de análise emergem do diálogo com a bibliografia e as fontes selecionadas. De um lado, havia o discurso

---

52 AHMSP/DC/DEDS, Material de Campo e de Análise, Caixa 30, doc. 1563.

técnico dos higienistas e outros profissionais ligados à saúde pública acerca da alimentação popular. De outro lado, pode-se divisar algumas práticas de resistência populares à aplicação dos inquéritos alimentares e pesquisas de padrão de vida – entendidos como intervenções estranhas na vida privada e familiar. Finalmente, é possível levar em conta os comportamentos alimentares da população paulistana no período delimitado, considerando aspectos como a industrialização, a propaganda e o acesso aos bens sendo restringido por questões de renda e tradições criadas no tempo e pela cultura dos trabalhadores estabelecidos na cidade.

A partir de uma análise focada nessas hipóteses, podem ser construídos conhecimentos não só no âmbito do saber histórico, mas que tragam contribuições da História às práticas marcadamente multidisciplinares da Saúde Pública, e que sirvam também como elemento de estudo no planejamento das políticas públicas de alimentação, em suas diferentes nomenclaturas.

Capítulo 2

Alimentação popular em São Paulo: políticas públicas, discursos técnicos e práticas profissionais[1]

---

1   Versão anterior deste capítulo foi publicada com o título "Alimentação popular em São Paulo (1920 a 1950); políticas públicas, discursos técnicos e práticas profissionais". *AMP*, 15(2): 221-255, 2007.

"A reforma das condições de alimentação no lar operário (...) se procederá não por seu intermédio, mas através de suas filhas, que devem ser instruídas em cursos de divulgação de conhecimentos sobre alimentação ou mesmo frequentando refeitórios escolares".

Francisco Pompêo do Amaral, *O problema da alimentação*. Rio de Janeiro: José Olympio, 1963, p. 574-575.

Nas atuais políticas voltadas à segurança alimentar,[2] não se esboça nenhum traço de dúvida quando à razão da fome entre os brasileiros pobres: trata-se de um problema decorrente da má distribuição de renda. A questão é pungente e encontra-se no fulcro das profundas divisões sociais existentes no país, sendo abordada de maneiras

---

2 Segundo Belik, o conceito de segurança alimentar "veio à luz a partir da Segunda Grande Guerra, com mais de metade da Europa devastada e sem condições de produzir o seu próprio alimento". O conceito levaria em conta os aspectos da quantidade, qualidade e regularidade no acesso aos alimentos. BELIK, Walter. "Perspectivas para segurança alimentar e nutricional no Brasil". *Saúde e Sociedade*, 12(1): 14, jan./jun. 2003. Todavia, a partir de 1945 não encontrei o termo sendo usado de forma recorrente na bibliografia brasileira acerca dos temas alimentares.

diferentes, caracterizando, ainda, a imagem do país, seja entre os brasileiros ou no exterior.

A unanimidade em torno da má distribuição de renda como motivo para a persistência da fome remete a um debate que atravessou quase todo o século XX. Refiro-me à discussão que opunha argumentos em torno de dois paradigmas, ou seja, a carência alimentar como resultado da ignorância da população ou como fruto dos baixos níveis de rendimentos da maioria dos trabalhadores. De que tipo seria a fome dos brasileiros? Qualitativa-proteica ou quantitativa-calórica? A abordagem nutricional não foi a única possível para se chegar a uma resposta, mesmo porque a Nutrição só veio a se constituir como campo do conhecimento vinculado às ciências da saúde no decorrer desse longo debate. Para poucos intelectuais do período analisado neste livro a dúvida acima tinha como resposta a baixa renda.[3]

Analisadas em perspectiva histórica, a segurança alimentar e, de forma abrangente, a alimentação, revelam-se temas perseverantes – certamente, mais comuns no âmbito das políticas públicas e dos discursos de intelectuais ligados aos governos do que na produção dos cientistas sociais e historiadores brasileiros, como outros autores já indicaram.[4]

É oportuno discutir as contribuições de autores que repuseram o tema da alimentação em foco, particularmente no âmbito dos estudos econômicos de caráter retrospectivo. Economistas que em momentos diferentes de suas trajetórias profissionais estiveram ligados a entidades sindicais e/ou às instâncias de governo produziram alguns textos

---

3 Pompêo do Amaral descartava a educação como origem do problema no início da década de 1960. Para ele, ainda que fossem educados convenientemente, os brasileiros continuariam a comer mal se nada fosse feito para equacionar as "condições econômicas desfavoráveis". *O problema da alimentação, op. cit.*, p. 590.

4 MENEZES e CARNEIRO. "A história da alimentação", *op. cit.*, p. 52; SANTOS, Carlos R. dos. *História da alimentação no Paraná, op. cit.*, p. 11-31.

cuja leitura deixa perceber a atualidade do assunto, a abordagem multidisciplinar das intervenções nessa área e a importância desses estudos para os profissionais que lidam com as questões da alimentação.

As metodologias de aferição, por equipes de economistas, dos padrões de vida de diferentes grupos sociais – como as Pesquisas de Orçamentos Familiares (POF) e as Pesquisas de Padrão de Vida (PPV) – revelam a importância do item "alimentação" nos gastos familiares ou individuais dos assalariados em temporalidades distintas, ao longo do século XX. De acordo com os técnicos do DIEESE, os gastos de famílias operárias em São Paulo com o item "alimentação" teria caído de 64,3% (em 1958) para 51% do orçamento em 1970 (excetuadas as despesas com moradia), o que sinalizaria uma perda real do poder aquisitivo do salário mínimo,[5] mas, ainda assim, indicando que mais da metade das despesas familiares se destinavam a suprir esse item fundamental para a sobrevivência.

A partir do cruzamento de dados obtidos nessas pesquisas e da sua comparação com estudos consolidados de padrões nutricionais, pôde-se constatar que a renda era o fator decisivo na definição das possibilidades de desnutrição em amplos setores da população. Estudiosos ligados ao Instituto de Pesquisas Econômicas[6] coletaram dados junto a mais de 2.000 famílias paulistanas, entre setembro de 1971 e agosto de 1972, concluindo que uma parcela minoritária dos entrevistados (15,7%) encontrava-se fora dos padrões nutricionais adequados. Também concluíram que, a partir de um nível de renda superior a um

5   ARANTES, Antonio A. *Paisagens paulistanas: transformações do espaço público*. Campinas: Ed. da Unicamp; São Paulo: Imesp, 2000, p. 185.

6   Atual Fundação Instituto de Pesquisas Econômicas (FIPE/USP).

salário mínimo por pessoa, essa inadequação se tornava insignificante e a deficiência alimentar era mais de quantidade do que de qualidade.[7]

Se até aqui as conclusões não chegam a surpreender, a afirmação seguinte – de que o grau de educação formal dos pais influía de modo irrelevante na determinação do estado nutricional das famílias[8] – levanta questões que permitem retomar as pretensões dos higienistas, médicos e nutrólogos da primeira metade do século XX, que insistiam na ignorância popular em relação à alimentação e apostavam na salvação pública que decorreria dos programas de educação alimentar.

A insuficiência calórica, não vinculada à educação e sim à renda, voltou a ser identificada na pesquisa promovida pelo DIEESE em 1987 em 3 mil domicílios, a pedido do Instituto Nacional de Alimentação e Nutrição.[9] Para efeito de comparação, os pesquisadores valeram-se de outra pesquisa – feita pelo órgão em 1982, em 2 mil domicílios – tendo como público-alvo, nos dois casos, a população da cidade de São Paulo.

Embora próximas no tempo, as pesquisas revelavam conjunturas econômicas e situações de segurança alimentar bastante diferentes. Se em 1982-1983 a recessão era aguda, o ano de 1987 trazia em seu bojo uma nova crise, após o rápido crescimento econômico de 1985, ano marcado pelos efeitos efêmeros do Plano Cruzado na estabilização monetária e na recomposição do poder aquisitivo dos assalariados. O agravamento da situação alimentar era evidente no intervalo entre as duas pesquisas: se na primeira (1982-1983), a situação era inadequada para 26,7% das famílias paulistanas, na segunda (1987), esse percentual subira para alarmantes 43%. Ainda que a situação entre os trabalhadores fosse "desalentadora", como afirmaram os autores do

---

7   ALVES, Edgard Luiz Gutierrez. "Nível alimentar, renda e educação". *Estudos Econômicos*, 7(2): 35, 1977.

8   *Idem, Ibidem.*

9   Órgão do Ministério da Saúde criado em 1972 e extinto em 1997.

estudo, nem por isso havia evidências "de que as famílias pobres são desnutridas porque não sabem comer".[10] Em poucas palavras, faltava dinheiro a essas famílias.

Identificada a "situação nutricional não adequada", ou "questão de segurança alimentar", se quiséssemos atualizar a expressão, as propostas apresentadas situavam-se de forma privilegiada no campo da economia, mas não exclusivamente da renda. Na década de 1970, os economistas propunham a criação de programas de distribuição de renda e geração de empregos, programas de cupons de alimentação e fornecimento de alimentos ou refeições subsidiadas, além de intervenção na cadeia de distribuição e comércio.[11] No final da década seguinte, estudiosos da mesma linhagem intelectual insistiam na melhoria do poder aquisitivo como medida essencial, além de incentivos à produção de alimentos para consumo interno e apelos para que o movimento sindical se organizasse e interviesse nos problemas de desnutrição e pobreza.[12] Tais propostas certamente não soariam bem aos ouvidos dos arautos do agronegócio no Brasil do século XXI, conscientes da sua condição de astros da política econômica e propulsores do imenso *superavit* na balança de comércio exterior do país nos primeiros anos no terceiro milênio.

Para os mais jovens, a discussão pode parecer ter surgido recentemente, mas ela já conta com décadas de história. Ressalto a importância do Relatório Burnet-Aykroyd, marco mundial na elaboração de políticas alimentares, e o embate de seus autores com as políticas de desenvolvimento agrícola levadas a efeito em diferentes países. O médico e

---

10 BARELLI, Walter; ALVES, Edgard Luiz Gutierrez; MARTINI, Virgínia Glória Lopes de. "Perfil do consumo alimentar da classe trabalhadora". *Pesquisa & Debate*, 1(6): 75-80, set. 1989.

11 ALVES, Edgard L. G., "Nível alimentar", *op. cit.*, p. 145-146

12 BARELLI, ALVES e MARTINI. "Perfil do consumo alimentar", *op. cit.*, p. 81.

nutricionista francês Étienne Burnet[13] e o nutricionista irlandês Wallace Ruddell Aykroyd[14] avaliaram quais eram as exigências nutricionais dos seres humanos e como determinar se eram cumpridas; quais os recursos disponíveis para atender essas exigências e de que ordem deveria ser o aumento da produção agrícola mundial para satisfazê-las. O relatório fora produzido a partir de 1932 e divulgado em Genebra em 1936, recebendo oficialmente o sugestivo título de Nutrition and Public Health (Nutrição e Saúde Pública). Encomendado pela Liga das Nações, o objetivo do relatório era avaliar o impacto da Depressão pós-1929 na Saúde Pública mundial, particularmente sobre o estado nutricional da população nos países mais afetados pela crise econômica. Reunidos em Roma, peritos discutiram pela primeira vez normas alimentares, preparando uma tabela de coeficientes de consumo familiar para uso internacional, "a fim de garantir a comparabilidade dos resultados das pesquisas de consumo doméstico".[15]

---

13 "O nutricionista Etienne Burnet, integrante da Organização de Saúde da Liga das Nações de 1928 a 1936, encarregou-se de uma missão na América Latina entre março e setembro de 1929. Entre 1927 e 1930, essa Organização publicou estudos sobre mortalidade infantil na Argentina, no Brasil, Chile e Uruguai", cf. WEINDLING, Paul. "As origens da participação da América Latina na Organização de Saúde da Liga das Nações, 1920 a 1940". História, Ciências, Saúde-Manguinhos, 13(3), set. 2006. Para uma nota biográfica, ver Service des Archives de l'Institut Pasteur, "Repères chronologiques: Etienne Burnet (1873-1960)".

14 Para uma nota biográfica, ver PASSMORE, R. "Obituary Notice: W. R. Aykroyd". British Journal of Nutrition, 43(2): 245-250, 1980.

15 Cf. PÉRISSÉ, J. "Energy and protein requirements: past work and future prospects at the international level". Texto apresentado no Colloquium CENECA, Paris, mar. 1981. Disponível em <http://www.fao.org/DOCREP/MEETING/004/M2995E/M2995E00.HTM>;COLLOMB, Philippe & CIPARISSE, Gerard. "Les voies de la transition de la sécurité

Burnet e Aykroyd defendiam que a pobreza era o fundamento da fome e da impossibilidade de muitas populações manterem-se saudáveis, apesar de economistas de peso alegarem que o mundo vivia uma situação de excesso de produção de alimentos. O relatório escrito por eles reconhecia a abundância produtiva, mas identificava como principal problema o baixo poder de consumo, defendendo a harmonização entre o desenvolvimento econômico e a promoção da saúde pública.[16] Suas conclusões foram retomadas em Hot Springs, localidade na Virgínia, Estados Unidos, onde, em pleno desenrolar da Segunda Guerra, representantes de dezenas de governos, dentre eles o do Brasil, reuniram-se para traçar uma ação conjunta acerca da melhoria da produção e distribuição de alimentos no mundo.[17] Nessa Conferência, votou-se a criação da FAO[18] (Food and Agriculture Organization, ONU), mas não se pode dizer que seu sucesso tenha sido estrondoso.

Há décadas, portanto, os estudos econômicos sobre temas da alimentação apresentam um paradoxo. Afinal, preocupados com a composição e melhoria da renda dos trabalhadores, os autores desses estudos acabaram por introduzir na pauta de discussões o viés social – ou, ao menos, chamaram a atenção para a necessidade de uma abordagem que não privilegiasse o alimento apenas em seus aspectos econômicos

---

alimentaire – Quelques conditions pour une couverture alimentaire mondiale", p. 8. Disponível em <http://www.icarrd.org/po/icarrd_docs_others.html>.

16 Cf. "Commemorative address by professor M. Cépède, Independent Chairman of the FAO Council". Report of the Conference of FAO, Special Session (Rome, 16 nov. 1970). Disponível em <http://www.fao.org/docrep/x5591E/x5591e0a.htm>.

17 BLOCH, Marc. "A alimentação humana e o intercâmbio mundial segundo os debates de Hot Springs". *Entre Passado & Futuro*, 3: 4-11, abr. 2003. Devo esta indicação a Sérgio A. Souza, tradutor do artigo.

18 VASCONCELOS, Francisco de A. G. de. "O nutricionista no Brasil: uma análise histórica". *Revista de Nutrição*, 15(2), maio/ago. 2002.

(como mercadoria) ou fisiológicos (como necessidade humana básica). Hábitos, gostos, classe, origem nacional/regional, circuito produtivo e meio ambiente tornaram-se aspectos importantes numa análise da alimentação em perspectiva histórica.

É nessa perspectiva que, nas páginas a seguir, sugiro uma discussão sobre as políticas públicas, os discursos técnicos e as práticas de profissionais ligados à higiene e à saúde pública acerca da alimentação popular entre as décadas de 1920 e 1950. Nesses discursos e nessas práticas, ressaltei aqueles referentes à cidade de São Paulo. Por se tratar de um tema estudado em um período relativamente longo, penso ser conveniente indicar uma periodização que leve em conta mudanças e permanências nos discursos, nas políticas e nas práticas sobre a alimentação popular.

A primeira metade da década de 1920 foi uma época de adensamento das discussões sobre a alimentação. No caso de São Paulo, esse também foi o período em que o Instituto de Higiene passou a desempenhar um protagonismo na implementação de métodos de pesquisa e propostas de políticas públicas acerca das questões alimentares. Para o escopo deste trabalho, proponho iniciar a análise dos estudos e práticas higienistas ligados à alimentação dos paulistanos em 1923, ano da realização do I Congresso Brasileiro de Higiene, como ressaltei no primeiro capítulo. Até 1948, quando da realização do VII Congresso Brasileiro de Higiene, a alimentação manteve-se como tema de debate entre os especialistas em Higiene e Saúde Pública e aplicaram-se diversas pesquisas de padrão de vida em São Paulo – especialmente entre os anos de 1937 e 1952.

Esses estudos e práticas dialogavam com a pesquisa acadêmica acerca da alimentação no âmbito da Higiene – campo do conhecimento em que se cruzavam ciências biológicas e sociais e também conhecimentos relativos à educação. De acordo com Lima,[19] o período entre 1934 e 1946 foi marcado pelo desenvolvimento de estudos pioneiros de Nutrição no país. Curiosamente, a autora não se debruçou sobre os estudos antecedentes, escritos a partir dos anos 1920. Na definição dos marcos temporais, Lima também não levou em conta o curso de nutricionistas, criado em 1939 e ministrado no Instituto de Higiene,[20] sendo reformulado em 1946. A autora definiu o período entre 1940 e 1946 como o da reordenação do conhecimento adquirido,[21] delineando-se o objeto da Nutrição por um viés marcadamente fisiológico, o que revela a dificuldade enfrentada na luta para garantir ao conhecimento nutricional o caráter de disciplina autônoma em relação à Medicina e à Higiene. Os vínculos da Nutrição com as Ciências Sociais sofreram uma ruptura acentuada.

O ano de 1946, marco final da periodização de Lima, foi também aquele em que começou a funcionar o primeiro curso de graduação em Nutrição no país, na Universidade do Brasil, no Rio de Janeiro. No mesmo ano, alterou-se o curso existente no antigo Instituto de Higiene, transformando-o em curso anexo para formação de nutricionistas da Faculdade de Higiene e Saúde Pública da USP.[22] Se até então se vivia a reordenação do conhecimento, a partir daí tratava-se

---

19 LIMA, Eronides da Silva. *Gênese e constituição da educação alimentar: a instauração da norma*. São Paulo, PUCSP, 1997 (Tese Dout. Educação), p. 27. Publicada com o título *Mal de fome e não de raça: gênese, constituição e ação política da educação alimentar (Brasil, 1934-1946)*. Rio de Janeiro: Ed. Fiocruz, 2000.

20 Cf. Decreto nº 10.617, de 24 de outubro de 1939.

21 LIMA, Eronides. *Gênese e constituição da educação alimentar*, p. 27-28.

22 Nos termos dos decretos nº 15.549-A, de 15 de janeiro de 1946, que aprovou o Regulamento da Faculdade de Higiene e Saúde Pública da USP; e nº 15.553, de 24 de janeiro de 1946, que aprovou o Regulamento do Curso de Nutricionistas da mesma universidade.

de aplicar o que já tomara contornos de ciência. A institucionalização do ensino, o método científico da Nutrição e sua aplicabilidade social não passaram despercebidos por olhares atentos na época, como o do chargista Belmonte.

Em 11 de abril de 1946, a *Folha da Noite* publicava charge de Belmonte, pseudônimo de Benedito Bastos Tigre. No alto, o texto informava sobre a abertura das inscrições para o curso de Nutrição da Universidade do Brasil. No diálogo, o "nutrólogo", de paletó e gravata, tinha seus pés cheirados por um vira lata e, impassível no ambiente de uma moradia pobre, afirmava, do alto de seu saber científico: "– Você precisa aprender a se alimentar. Deve ingerir ovos, carne, legumes, queijo, leite, cremes…". A mãe, com expressão estupefata pelo que ouvia, enquanto o "pobre diabo", pai de família, aparentando certo cansaço ou talvez tédio diante da visita do "nutrólogo", expressava o sentimento de sua família diante de palavras de tal gabarito: "E essas coisas existem?" (CMSP, foto n.º 1859).

Práticas profissionais representadas em imagens

Algumas das fotografias feitas por profissionais do Instituto de Higiene na primeira metade da década de 1920 estão entre as práticas discursivas que podem ser apontadas como fontes para a história da alimentação em São Paulo na primeira metade do século XX.[23] Mostrada como cenário da modernidade nos cartões postais que circulavam na época, a cidade de 587 mil habitantes em 1920[24] era observada com outros olhos pelos higienistas e apresentava-se como campo privilegiado para as ações dos profissionais da saúde pública.

Partindo de um acervo que reúne imagens feitas em diferentes expedições higienistas por áreas distintas da cidade, o Instituto produziu o álbum *Vistas de São Paulo e do Instituto de Higiene,* composto de 30 ampliações em papel fotográfico de 21 cm × 16,5 cm. Nesse álbum e em outras fotografias do mesmo período produzidas no Instituto, o olhar esquadrinhador dos editores-higienistas inseriu imagens propagandísticas de órgãos e profissionais vinculados à administração pública, mas concentrou-se na denúncia das más condições de abastecimento e alimentação oferecidas aos paulistanos na época.

---

23 VASCONCELLOS, Maria da Penha Costa (coord.). *Memórias da saúde pública: a fotografia como testemunha.* São Paulo: Hucitec; Abrasco, 1995 e RODRIGUES, Jaime e VASCONCELLOS, Maria da Penha C. "A fotografia como instrumento do trabalho do higienista (São Paulo, primeira metade do século XX)". *História, Ciências, Saúde-Manguinhos,* 13(2): 477-491, abr./ jun. 2006.

24 Cf. IBGE, *Repertório estatístico do Brasil: quadros retrospectivos.* Rio de Janeiro: Instituto Brasileiro de Geografia e Estatística, 1986, p. 8. Desse total, 35% eram estrangeiros, principalmente portugueses, italianos e espanhóis, cf. LOWRIE. "Origem da população da cidade de São Paulo...", *op. cit.*

Imagens do Serviço de Alimentação Pública. Na primeira foto, de acordo com a ordem do álbum, valorizam se os recursos humanos (ainda que a legenda identifique poucos componentes da cena, entre eles Valdomiro de Oliveira, Costa Júnior, Adelino Leal, Davi Cavalheiro Barros Barreto e Antonieta Mendes de Castro). As imagens seguintes podem ser entendidas como demonstrações da capacidade do Estado em prover um serviço dessa natureza das instalações e dos equipamentos necessários para a ação, destacando a fachada bem conservada do edifício e os automóveis prontos para o uso estacionados defronte ao prédio. Em um deles podemos ver um ocupante aparentemente a postos para cumprir missão de trabalho assim que recebesse a ordem (Álbum *Vistas de São Paulo e do Instituto de Higiene*, Álbum 4, CMSP, fotos A 4. 14, A 4. 15 e A 4. 16).

Outras imagens que compõem esse álbum dizem respeito às tarefas de fiscalização do abastecimento alimentar. Feiras e mercados não passaram despercebidos, sendo registrados "pela lente da higiene"[25] os comerciantes e o público que acorriam diariamente a lugares como esses para prover suas despensas domésticas.

---

25 Na expressão que tomo de empréstimo de CAMPOS, São Paulo pela lente da higiene.

Nesta sequência, o olhar vai do geral ao particular. A primeira imagem, "Mercadinho nos baixos do Viaduto Sta. Efigênia", mostra o entorno da área do mercado (extinto após a inauguração do Mercado Municipal da Cantareira, em 1933), enquanto as demais nos transportam para o interior dos boxes de comerciantes. A senhora que vendia frutas aprovou visivelmente a feitura da foto, sorrindo para o fotógrafo, talvez orgulhosa pela disposição bem organizada dos produtos em seu comércio. Também parecem expressar satisfação os sorrisos indisfarçáveis do garoto e do senhor que está ao seu lado no açougue do mercadinho, onde as carnes (não sabemos se secas) eram expostas aos potenciais compradores fora de ambientes frigoríficos (Álbum *Vistas de São Paulo e do Instituto de Higiene*, CMSP, fotos A-4. 12, A-4. 17 e A-4.20).

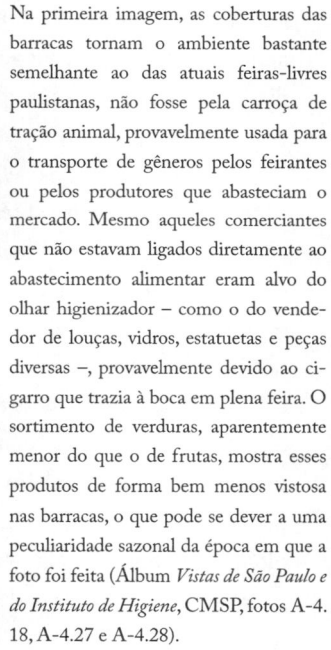

Na primeira imagem, as coberturas das barracas tornam o ambiente bastante semelhante ao das atuais feiras-livres paulistanas, não fosse pela carroça de tração animal, provavelmente usada para o transporte de gêneros pelos feirantes ou pelos produtores que abasteciam o mercado. Mesmo aqueles comerciantes que não estavam ligados diretamente ao abastecimento alimentar eram alvo do olhar higienizador – como o do vendedor de louças, vidros, estatuetas e peças diversas –, provavelmente devido ao cigarro que trazia à boca em plena feira. O sortimento de verduras, aparentemente menor do que o de frutas, mostra esses produtos de forma bem menos vistosa nas barracas, o que pode se dever a uma peculiaridade sazonal da época em que a foto foi feita (Álbum *Vistas de São Paulo e do Instituto de Higiene*, CMSP, fotos A-4. 18, A-4.27 e A-4.28).

A fotografia manteve uma relação profunda com as práticas higienistas, especialmente no período em que estas últimas estavam sendo gestadas no Instituto de Higiene, em São Paulo.[26] A produção de imagens fotográficas era inerente aos métodos de identificação das condições em que as doenças proliferavam – neste caso, tanto nas cidades como no campo.

Ao longo dos anos 1920, profissionais e alunos do Instituto de Higiene conduziram centenas de inspeções sanitárias em localidades paulistas, com farto uso de fotografias.[27] Tal uso sugere que as imagens captadas pela técnica fotográfica, pela sua força e pela possibilidade de reproduzi-las, serviam aos objetivos dos higienistas em pelo menos dois aspectos complementares. Primeiramente, como instrumento de denúncia e prova documental considerada irrecusável, que os habilitava a propor intervenções higiênicas junto ao poder público. As imagens sugerem também o uso do objeto fotográfico como recurso pedagógico na formação de profissionais da higiene. As fotografias – o olhar do fotógrafo, melhor dizendo – carregavam mensagens subliminares acerca da necessidade de reconhecer o poder do higienista como formulador de políticas públicas nas áreas de saúde e planejamento urbano. Analisá-las requer o desenvolvimento de uma sensibilidade frente às imagens, atentando para a relação entre o fotógrafo e os "objetos" fotografados[28] – especialmente quando estes eram moradores da cidade apanhados em situações de flagrante miséria.

---

26 Discuto essa questão de forma mais alongada em RODRIGUES e VASCONCELLOS. "A fotografia como instrumento do trabalho do higienista", *op. cit.*

27 Ver GPS, docs. MI s/d 24, MI 1925.5, PI 1926.2A e PI 1926.2B.

28 Cf. GRANGEIRO, Cândido Domingues. *As artes de um negócio: a febre photographica (São Paulo, 1862-1886)*. Campinas: Mercado de Letras; São Paulo: Fapesp, 2000, p. 117-132.

Não há registros explícitos acerca dos critérios que presidiram a escolha das imagens do álbum *Vistas de São Paulo e do Instituto de Higiene*. Entretanto, a edição não parece ter descartado nenhum dos possíveis usos da fotografia entre os higienistas. Além das fotos aqui selecionadas para discutir o tema da alimentação popular, o álbum compilou imagens de crianças em atividade escolar, registros de atividades no centro de saúde localizado na primeira sede do Instituto de Higiene,[29] laboratórios de veterinária, vistas do Jardim da Luz e do entorno, instituições como o Quartel da Força Pública e o Butantã, e problemas de infra-estrutura urbana que poderiam tornar-se objetos de futura intervenção dos higienistas – como alagamentos, falta de pavimentação e depósitos de lixo.

O que ensinar nas escolas

As primeiras políticas públicas de alimentação propostas em São Paulo estavam estreitamente vinculadas às questões biológicas e sociais. Isso se expressava em estudos pioneiros, como a análise dos dados de inquéritos alimentares conduzidos a partir do Instituto de Higiene: "As questões atinentes à alimentação, merecendo estudo especial tanto de biólogos como de médicos e higienistas, pelas suas relações com a economia e o bem estar gerais, constituem problemas higiênicos-sociais da maior relevância".[30]

---

29 Na Rua Brigadeiro Tobias, n.º 45. Só em 1933 ocorreu a transferência para a sede definitiva (na avenida Municipal, em frente ao Cemitério do Araçá). Ali funciona, atualmente, a FSP/USP, sucessora do Instituto de Higiene e da Faculdade de Higiene e Saúde Pública, na rebatizada Avenida Doutor Arnaldo.

30 SOUZA, CINTRA e CARVALHO. "Inquérito sobre alimentação popular...", *op. cit.*, p. 3.

O vínculo entre Higiene e Educação pode ser exemplificado na análise da já mencionada *Cartilha de Higiene*, de Almeida Junior. Nela, havia restrições relacionadas às gulodices entre as refeições, ao café, aos chás e às bebidas alcoólicas para as crianças. O autor da *Cartilha* empenhou-se neste último item, fazendo afirmações contundentes para o imaginário infantil:

> o filho do beberrão nasce fraco e doentio, quando não nasce idiota. Para as crianças, o álcool é um veneno perigoso. Os pais que dão álcool aos filhos cometem um crime.[31]

Entre as "oito regras de ouro" da higiene, o autor dedicava duas à alimentação: o consumo de verduras e frutas e a ingestão de leite no lugar de café ou chá.

Um dos itens da *Cartilha de Higiene* intitulava-se "a boa alimentação" e ensinava o que se devia, ou não, comer, com farto uso de ilustrações e nível de linguagem textual acessível a crianças em idade de alfabetização. Em tom simples e direto, o autor indicava o que se devia comer e os alimentos a serem evitados, insistindo particularmente na restrição ao consumo de álcool por crianças – portadoras da mensagem educativa, destinada às famílias, de que o álcool era a encarnação do mal também para os adultos.

---

31 ALMEIDA JR. *Cartilha, op. cit.*, p. 17. Sobre as imagens da "História de um beberrão" incluída na Cartilha e a "iconografia do bêbado" produzida pelo "discurso moralizante da ciência no Brasil e mais especificamente em São Paulo", ver CAMARGO, Daisy de. *Alegrias engarrafadas: os alcoóis e a embriaguez na cidade de São Paulo no final do século XIX e começo do XX*. Assis, Unesp, 2010 (Tese Dout. História), p. 171 e ss.

O Saci-Pererê marcava presença em várias outras ilustrações da *Cartilha* e, neste caso, segurava o emblema da morte e apontava em direção a ele, sinalizando o risco que as crianças correriam se consumissem bebidas alcoólicas. Entre as garrafas, destaco a presença de um vinho do Porto, reconhecido popularmente como fortificante para adultos e crianças, especialmente se misturados a gemas de ovos e batidos em gemadas. A página 23 da *Cartilha*, além da ilustração reproduzida aqui, com garrafas de bebida e uma caveira simbolizando a morte, trazia a informação: "todas essas bebidas fazem mal (...). Quem bebe, escolhe entre três caminhos: a cadeia, o hospital, o asilo de loucos". Quem pronunciava a mensagem era o Saci-Pererê, personagem que começava a ganhar mais espaço no imaginário infantil a partir das edições originais das obras de Monteiro Lobato – sendo o primeiro dos 23 volumes da coleção *Sítio do Picapau Amarelo* justamente *O Saci-Pererê*, editado em 1921, portanto dois anos antes da edição da *Cartilha*. Na sequência, fotografia de "alunos desnutridos", feita em uma escola não identificada em São Paulo, década de 1920 (CMSP, foto nº 1751).

Na categoria da "boa alimentação", as crianças encontravam o seguinte inventário:

Feijão e arroz bem cozidos.

Verduras e frutas maduras.

Pão de trigo, de centeio, de milho.

Carne, só uma vez por dia.

Leite, manteiga, ovos, queijo.

Peixe muito fresco.

Alimentos duros, que deem trabalho aos dentes: crosta de pão, frutas, nozes.

Na sequência, a lista do que deviam evitar:

> Comer muito.
> Comer depressa, sem mastigar.
> Comer estando cansado ou agitado.
> Abusar da carne ou dos ovos.
> Comer frutas verdes.
> Comer alimentos muito engordurados.
> Usar pimenta e outros temperos fortes.
> Comer ou beber cousas muito quentes ou geladas.[32]

À primeira vista, os inventários da boa e da má alimentação podem nos parecer obviedades. Todavia, eles foram considerados importantes o suficiente para serem inseridos em um material de uso corrente nas escolas, num período em que o ensino formal em São Paulo dava os primeiros passos na direção da universalização – ou, ao menos, da extensão a um número maior de crianças, sinalizada pela expressiva quantidade de escolas construídas no estado ao longo da Primeira República e nos projetos educacionais do mesmo período.[33] A inserção de dados referentes ao que as crianças deveriam ou não ingerir nos diz muito a respeito de como obviedades do mundo contemporâneo são construções históricas enraizadas no tempo.

A lista dos bons alimentos traz alguns conselhos que eventualmente podem nos soar estranhos – como a importância de se cozinhar bem

---

32 ALMEIDA JR. *Cartilha, op. cit.*, p. 17-18.

33 Cf. PEIRÃO, Maria Elizabeth *et al. Arquitetura escolar paulista: 1890-1920*. São Paulo: FDE, 1991; NAGLE, Jorge. *Educação e sociedade na Primeira República*. São Paulo: EPU, 1974; SCHUELER, Alessandra Frota Martinez de e MAGALDI, Ana Maria Bandeira de Mello. "Educação escolar na Primeira República: memória, história e perspectivas de pesquisa". *Tempo*, 13(26): 32-55, 2009.

os grãos, de consumir manteiga, nozes e pães feitos a partir de ingredientes como o milho. As nozes, certamente, não eram item comum nos cardápios do público que tinha acesso à *Cartilha*. Já a pimenta e outros condimentos talvez o fossem, e a interdição desses ingredientes na comida das crianças pode ser entendida como um esforço para padronizar hábitos alimentares oriundos das colônias estrangeiras – como sírios e espanhóis, por exemplo, numerosos na cidade do começo do século XX – ou remanescentes da época colonial, em que as especiarias compunham os pratos e educavam os gostos alimentares.[34]

A relação das interdições incluía não só tipos de alimentos, mas também comportamentos. Se os primeiros conselhos eram úteis principalmente para a manutenção da disciplina no ambiente escolar – comer pouco, com vagar e descansado –, os ensinamentos referentes ao álcool eram claramente voltados aos adultos das famílias. Os pais que davam bebidas alcoólicas aos filhos eram chamados de criminosos – o que, inserido em uma cartilha escolar, aponta para uma prática que talvez fosse frequente. Pais pouco cuidadosos e higienistas perscrutadores, ao que tudo indica, são personagens de uma história bastante antiga.

---

34 LIMA, Claudia. *Tachos e panelas: historiografia da alimentação brasileira.* Recife: Ed. da Autora, 1999; TAKASU. *Sabores brasileiros, op. cit.*; LORIMER, Rosemeire B. *O impacto dos primeiros séculos de história da América na formação da brasilidade alimentar.* São Paulo, FSP/USP, 2001 (Tese Dout. Saúde Pública).

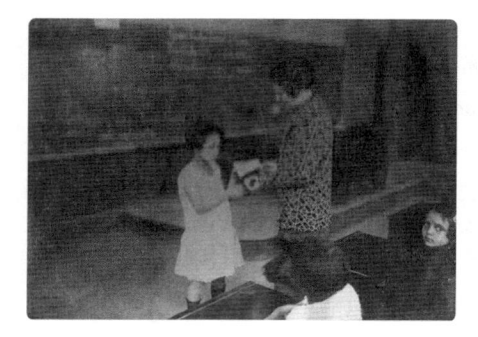

Classes femininas em aulas de Educação Sanitária, nas quais a *Cartilha* e outros ensinamentos higiênicos foram potencialmente ministrados. As fotos são do ano de 1925, sendo as duas primeiras do Grupo Escolar Prudente de Morais, que mantêm o nome e funciona até hoje na Luz; e a terceira do Grupo Escolar Regente Feijó, atual Escola Estadual Teodoro de Moraes, na Água Rasa. Leituras, observações em equipamentos inusitados para o ensino nessa fase – como o microscópio – e atividades lúdicas eram alguns recursos dos quais as educadoras se valiam para transmitir noções de higiene, fruto da prática profissional delas e da formação adquirida no Instituto de Higiene (CMSP, fotos A-4.4, 1792 e 1722, respectivamente).

Almeida Junior tornou-se um especialista na questão alimentar dos escolares. A publicação de sua *Cartilha* precedeu até mesmo a implantação, em 1925, do primeiro curso de educadores sanitários, que tinha como objetivo fazer "a divulgação de noções de higiene para alunos das escolas primárias estaduais".[35] Além da *Cartilha*, a produção acadêmica de Almeida Junior também esteve voltada para a temática da alimentação popular, atribuindo pouco empenho aos homens de governo e cientistas em relação às pesquisas nutricionais. Ao Estado cabia aparelhar as instituições voltadas a essas pesquisas, já que "a ciência da nutrição não se faz nos gabinetes, ou em laboratórios improvisados com parcimônia e modéstia".[36] Quanto aos cientistas, deviam conduzir as pesquisas empíricas e fazer sentir o peso de seu conhecimento, retirando a alimentação do âmbito da "politicagem de aldeia" e da ação dos curiosos que davam palpites descabidos sobre alimentos e dietas:

> De vez em quando, surgem advogados da abóbora, apóstolos do limão, cavaleiros andantes da cebola, apontando os seus ídolos como exclusivos merecedores de nosso culto e dos nossos dentes. E os ídolos, repentinamente, mergulham no esquecimento. Não se diga que estas paixões alimentares medram apenas entre os profanos: pesados livros de ciência consignam tais exageros e perpetuam as dissensões românticas entre a carne e o vegetal, entre o jejum e a abundância.[37]

---

35 MASCARENHAS, Rodolfo dos S.; FREITAS, Adélia V. "Contribuição ao estudo da história do ensino de educação sanitária na Faculdade de Higiene e Saúde Pública da USP". *Arquivos da Faculdade de Higiene e Saúde Pública da USP*, 13(1): 243, jun. 1959; ROCHA. *A higienização dos costumes, op. cit., passim.*

36 ALMEIDA JR., A. "Alimentação na idade escolar e pré-escolar". *BIHSP*, 15: 3, 1923.

37 *Idem, Ibidem.*

O autor provavelmente dialogava com as informações estampadas nos jornais e nas revistas ilustradas, profusos em anúncios sobre o poder miraculoso de certos alimentos, e também em matérias pagas ou não, veiculadas a mando de médicos ou supostos profissionais da Medicina e da Nutrição, que divulgavam soluções mirabolantes para problemas de saúde baseados em dietas também mirabolantes. Nesse sentido, a primeira metade do século XX e o início do século XXI guardam profunda semelhança entre si – épocas em que a oferta de soluções rápidas e eficientes encontra ressonância no público consumidor de fórmulas dessa natureza, especialmente no que se refere ao emagrecimento feminino, ou à criação de massa muscular entre os homens, para adequar-se aos mutantes padrões de beleza.

A principal intenção de Almeida Junior não era debater com charlatães, mas sim dar bons conselhos aos responsáveis por crianças na faixa etária que ia do fim da amamentação até o início da adolescência, em que o leite deixava de ser o alimento exclusivo e a dieta passava a ser predominantemente sólida. O crescimento do corpo e a atividade física faziam com que o gasto de energia fosse bastante ampliado nessa fase. Era aí, também, que se podia incutir nas crianças, e nos púberes, hábitos (o bem) ou vícios (o mal) que passariam a ser adotados pela vida afora:

> a escolha dos alimentos, o horário das refeições, os cuidados de asseio, a mastigação, a digestão, a própria evacuação intestinal (...). É comum encontrarem-se crianças que detestam o leite, que abominam a carne, que não toleram as verduras (...). Afora os possíveis casos de idiossincrasias, parece que se trata, as mais das vezes, de vício adquirido na infância, evitável por uma educação bem conduzida (...). A educação higiênica é igualmente o melhor fator para difundir o uso de alimentação mais sensata entre as classes populares, ensinando-lhes as vantagens da variedade, as virtudes de certos alimentos

como o leite e as verduras (...) e tantas outras pequenas cousas, já sabidas na higiene alimentar.[38]

A "higiene alimentar" continuaria embutida na formação de educadoras sanitárias após a reforma curricular de 1946, que regularizou a duração do curso em um ano, dividido em quatro períodos, e manteve a disciplina no segundo período dos cursos da Faculdade de Higiene e Saúde Pública,[39] agora sob a responsabilidade do recém-instituído Departamento de Nutrição.

Instrução popular

Na opinião de Jurandir Freire Costa, diferentes agentes do Estado, desde o período colonial, empenhavam-se em reduzir a autonomia das famílias e, em nome do saber técnico, deslocar a responsabilidade dos adultos leigos para os especialistas. Já nessa época, as concepções médicas acerca da alimentação entendiam existir uma ignorância dos pais, ao prescreverem a alimentação mais adequada à família colonial como forma de garantir a interiorização dos hábitos europeus no Brasil.[40]

Talvez não precisemos ir tão longe e nem concordar integralmente com as afirmações do autor, mas, em linhas gerais, esse raciocínio nos leva a querer saber mais sobre outros períodos da história do Brasil, nos quais as tentativas de técnicos e cientistas para impor um saber

---

38 *Idem, Ibidem*, p. 4-7.

39 Cf. Decreto nº 15.552, de 24 de janeiro de 1946, que aprovou o Regulamento do Curso de Educadores Sanitários da Faculdade de Higiene e Saúde Pública da USP.

40 COSTA, Jurandir Freire. *Ordem médica e norma familiar.* Rio de Janeiro: Graal, 1979.

hegemônico foram mais incisivas. A visão das classes populares como ignorantes e pouco cuidadosas em relação às suas práticas, aos seus hábitos e comportamentos alimentares pode ser percebida em muitos estudos realizados no século XX, quando o Estado já se instrumentalizara melhor para intervir – situação que, se for projetada para a época colonial, requer cuidados redobrados.

A necessidade de "difundir o uso de alimentação mais sensata entre as classes populares", como argumentava Almeida Junior em 1923, certamente tinha antecedentes. Como o propósito aqui não é refazer a genealogia dessa preocupação, analisarei alguns estudos dos intelectuais que levaram essa noção adiante, até pelo menos meados do século XX.

Inicialmente, convém definir o que vem a ser ignorância. Um primeiro sentido para o termo poderia ser a impossibilidade, dos consumidores, de escapar de fraudes no comércio varejista de alimentos, algo que somente a ação dos fiscais do poder público poderia impedir. Alguns médicos preocuparam-se com as questões mais diretamente relacionadas ao abastecimento e ao engano a que os consumidores eram induzidos ao fazer suas compras. Era o caso de Samuel Leite Ribeiro, que ressaltou a existência, desde 1893, em São Paulo, de um policiamento da alimentação pública, que incluía a repressão a fraudes e falsificações.[41]

Outro sentido possível para a ignorância era o desconhecimento que os profissionais da saúde pública tinham em relação aos hábitos, comportamentos e práticas alimentares da população, por falta de instrumentos seguros que lhes permitisse concluir algo diferente do que rezava o senso comum. Paula Souza, Ulhoa Cintra e Pedro de

---

41 RIBEIRO, Samuel Leite. *A fiscalização sanitária dos gêneros alimentícios no Estado de São Paulo*. São Paulo: Faculdade de Medicina de São Paulo, 1926, p. 24.

Carvalho, na apresentação dos resultados do inquérito alimentar coordenado por eles em 1932, remontaram à ideia, então corrente, de que "no Brasil não há realmente fome e com pouco dinheiro se vive, a generosidade proverbial de nosso povo suprindo a escassez alimentar dos menos favorecidos".[42] Questionavam, assim, uma crença amplamente difundida, que os levara a promover o inquérito com a intenção de aproximar-se da "realidade".

A ignorância que efetivamente interessa aqui, no entanto, tinha um significado diferente e mais amplo no ideário dos intelectuais preocupados com a alimentação popular na primeira metade do século XX. Tratava-se da ausência de conhecimentos formais, a respeito de quais alimentos seriam mais saudáveis para o consumo individual ou familiar, que pudessem ser verbalizados a contento diante de um profissional da Saúde Pública. Ao discursar diante de uma plateia de crianças e professoras em Belo Horizonte, em 1935, um médico abordou o êxito da merenda escolar orientada e expôs os vínculos entre a ignorância e a má alimentação das crianças, mirando no futuro:

> Insuficiência alimentar e ignorância, educação doméstica errônea e difícil, fadiga e desconforto, vida presa, doenças várias, muita pobreza, eis, senhoras professoras, todo o dízimo com que a criança pobre também paga e custeia.[43]

No diagnóstico do engenheiro agrônomo Antonio Queiroz do Amaral, na alimentação popular havia ausência de nutrientes,

---

42 SOUZA, CINTRA e CARVALHO. "Inquérito sobre alimentação popular", *op. cit.*, p. 3

43 PINHEIRO, Mário. *Alimentação sadia*. Belo Horizonte: s/e, 1935, p. 16.

principalmente proteínas animais e vitaminas, que eram "motivadas pela simples ignorância".[44]

Mais do que as questões de renda, tradições culturais e possibilidades de consumo diante das fontes de abastecimento disponíveis, era essa ignorância que impedia a população de alimentar-se de modo correto – entendendo-se o significado de *correto* de acordo com o que era preconizado pela ciência da nutrição naquela época.

O uso do termo "população", e não "classes populares", é proposital. Afinal, para muitos médicos, cientistas sociais ou nutrólogos do período, a ignorância atingia inclusive as famílias ricas. Nesses casos, a responsabilidade era lançada sobre mães ociosas, que sequer cumpriam seu dever básico de ordenar as tarefas a serem cumpridas pelos empregados. Por vezes, essas mulheres não sabiam nem mesmo alimentar-se de acordo com exigências circunstanciais. Na visão de Thalino Botelho,[45] era frequente ver grávidas de "classes elevadas" consumirem condimentos em excesso junto "com as mais exóticas substâncias e a beber os mais estranhos *cock-tails*!" Evidentemente, ele

---

44 A figura de Amaral é controversa. Ao mesmo tempo em que fazia afirmações conservadoras como essa e, mais tarde, seria um apoiador do golpe civil-militar de 1964, era também um defensor da reforma agrária entre as décadas de 1940 e 1960 e de um plano de conservação dos recursos naturais do país, destacando-se pelas propostas pioneiras de aproveitamento do lixo e dos gases produzidos na compostagem do mesmo em São Paulo. Ver AMARAL, Antonio Q. do. *Uma metodização para correção das deficiências alimentares mais evidentes*. São Paulo: Secretaria Municipal de Higiene, 1948, p. s/nº, 2-5, e TURRIN, Angela. "Gestión de los resíduos sólidos en la administración local: Ayuntamiento de Cotia, Brasil". Disponível em <*mgpucm.googlepages.com/AngelaTurrin.pdf*>, acessado em 12 fev. 2010.

45 Chefe da clínica de doenças da Nutrição do Instituto de Assistência e Previdência dos Industriários e professor de Dietética do curso de nutrólogos do SAPS.

localizava o problema também em outros meios sociais: o sucedâneo dos "estranhos *cock-tails*" entre as grávidas das classes populares era a "malfadada cerveja preta domingueira".[46] Os médicos nutrólogos, em particular, tinham a si próprios na conta de "proeminentes autoridades pedagógicas, potencialmente capazes de conduzir o povo brasileiro a uma 'alimentação racional'".[47]

Embora apontado o problema da ignorância também entre os mais favorecidos, fica claro que não era este o cerne da questão da Saúde Pública. A interpretação de dados estatísticos, aparentemente neutros, não deixava dúvidas sobre qual o tipo de ignorância a ser combatido. Waldemar Luiz Rocha, em trabalho apresentado ao III Congresso Brasileiro de Higiene, lidou com estimativas de mortalidade infantil que, na análise dele, deixavam claro serem as doenças gastrointestinais as responsáveis por muitas mortes nessa faixa etária. Mas esse seria apenas o sinal exterior, pois a mortalidade, no fundo, devia-se "maximamente à ignorância das mães" que não sabiam alimentar seus filhos,[48] e não a motivos como a pouca eficácia dos serviços de vigilância sanitária nas feiras, nos mercados e no comércio de secos e molhados, ou a qualidade da água distribuída à população – sendo este último um problema identificado em artigo de Paula Souza.[49]

---

46 BOTELHO, Thalino. *Acesso à alimentação racional.* 2ª ed. Rio de Janeiro: s/e, 1955, p. 134-135.

47 OLIVEIRA. *Arautos da nutrição, op. cit.*, p. 47.

48 *Apud* COLLUCCI, Sandra Regina. *Mães, médicos e charlatães: configurações culturais e múltiplas representações dos discursos médico-sanitaristas (São Paulo, 1920-1930).* São Paulo: PUCSP, 2001, p. 81 (Dissert. Mest. História). Publicado com o mesmo título em São Paulo, pela editora Scortecci em 2008.

49 SOUZA, Geraldo Horácio de Paula. "Aspectos do problema da água de alimentação em São Paulo". *Arquivos de Higiene e Saúde Pública*, 1(2): 109-124, dez. 1936.

Embora a experiência estrangeira com os inquéritos alimentares fosse valiosa, nas palavras de Souza e Wanderley[50] já era tempo de adaptar e aplicar os métodos de investigação entre as famílias brasileiras. Afinal, tínhamos um "exemplo caseiro" de atraso no regime alimentar: o do "caboclo", especialmente no Nordeste do país, onde o "lirismo de falsos patriotas" encobria "o seu precário estado de nutrição". Essa precariedade, calcada em uma dieta pobre em nutrientes, mudaria de lugar décadas depois, com a migração massiva de nordestinos para São Paulo a partir da década de 1950. Pômpeo do Amaral relatou a situação da antiga Hospedaria dos Imigrantes, destinada em meados do século XX a abrigar os migrantes de outros estados brasileiros recém-chegados a São Paulo. Ali, os funcionários responsáveis pela cozinha "desistiram de alimentar corretamente aqueles que chegavam do Norte":

> Na falta de carne seca, bem como de farinha de mandioca, perdiam por completo o apetite. Ficavam, assim, os funcionários estaduais ocupados apenas com a tarefa de atender aos caprichos de paladares paradoxais. Que poderiam produzir na lavoura esses homens que tão mal se alimentavam?[51]

Paula Souza e Wanderley, no entanto, foram bastante cuidadosos em suas afirmações, deixando claro que, se a ignorância levava a deficiências proteicas e de cálcio, por exemplo, a quantidade de alimentos continuava a ser uma questão pendente. A dieta só não era mais volumosa e rica devido à má distribuição de renda que atingia os "caboclos":

---

50 souza, Geraldo Horácio de Paula e wanderley, L. A. "Ensaios de calorimetria alimentar". *BIHSP*, 6: 3, 1921.

51 amaral. *O problema da alimentação, op. cit.*, p. 573.

> Os recursos de muitos, se adequadamente instruídos, da-
> riam para, substituindo uns alimentos por outros, vencer
> as dificuldades; para outros, entretanto, impõe-se a provi-
> dência de maior valia – em higiene, a mais difícil e com-
> plexa: a que tende à melhoria do padrão de vida.[52]

Outros autores nem sempre foram tão cuidadosos. Peregrino Jr.,
que escrevia alguns anos depois, sentiu-se inteiramente à vontade para
identificar na mestiçagem o prenúncio de um fracasso que a educação
dificilmente conseguiria equacionar. Ainda que não desistisse completamente do recurso educacional, ele apontou "algumas das peculiari-
dades mais lastimáveis do povo brasileiro" como causa das deficiências
alimentares nacionais:

> a indolência do trabalhador rural; a predisposição à tu-
> berculose dos pretos e mulatos; a ausência de gosto pelos
> estudos abstratos ou pelas questões especulativas; o baixo
> rendimento escolar das crianças das escolas públicas; a de-
> bilidade e desarmonia morfológica da nossa juventude do
> interior; a tristeza, a apatia e a preguiça das massas rurais e
> proletárias de quase todo o país.[53]

Na tabulação dos dados coletados no inquérito de 1931/32, publicada por Paula Souza e seus parceiros em 1935,[54] sobressaem primeiramente as categorias etárias nas quais foram classificados os inquiridos:
crianças até 12 anos e adultos com mais de 12 anos – excluindo-se,

---

52 SOUZA e WANDERLEY. "Ensaios de calorimetria alimentar", *op. cit.*, p. 6-8.

53 PEREGRINO JR. *Alimentação, op. cit.*, p. 93-94.

54 SOUZA, CINTRA e CARVALHO, "Inquérito sobre alimentação popular", *op. cit.*, p. 13-33.

portanto, categorias nas quais os textos sobre a alimentação do pré-escolar e do escolar vinham sendo trabalhados, que se valiam dos conceitos de puberdade e adolescência, considerando as necessidades nutricionais próprias a essas fases da vida.

No inquérito realizado em Cerqueira César e Pinheiros, as informações prestadas por 479 famílias denotam que, pela ordem, os alimentos consumidos pelo maior número de pessoas eram pão, leite, carne, arroz, feijão, massas, batata, ovos e queijo. Legumes e verduras não foram quantificados, em função da dificuldade de anotar o consumo desses produtos nas fichas, quer pela variedade das escolhas, quer pelas variações nas unidades assinaladas (dúzia, maço, peso etc.).

Tomando uma amostra de 168 fichas familiares, onde constavam dados sobre consumo de pão, leite, feijão e carne, os autores constataram que, quanto maior a renda das famílias, maiores eram as despesas alimentares. Crescendo a renda, crescia também o consumo de carne, enquanto o consumo de pão e leite continuava no mesmo nível e caía o de feijão. Isso levava a deduções que extrapolavam o universo alimentar familiar: "O *superavit* de dinheiro resultante deste fato seria destinado a outros fins, possivelmente diversos da despesa alimentar".[55]

Nas conclusões do trabalho, na verificação das deficiências do regime alimentar entre os moradores dos bairros assinalados, a ignorância popular não era tão ressaltada. É fato que os autores do primeiro inquérito alimentar feito em São Paulo estranharam a estabilidade no padrão de consumo do leite,[56] mesmo quando a renda familiar permitia

---

55 *Idem, Ibidem*, p. 42-44.

56 Um dos primeiros alimentos de largo consumo popular a ser objeto de legislação e políticas públicas. Ver, por exemplo, os *Anais da Primeira Conferência Nacional do Leite*, reunida em 1925 e promovida pela Sociedade Nacional de Agricultura e pelo governo federal. Rio de Janeiro: Cia. Nacional de Artes Graphicas, 1926. No caso do estado de São Paulo, a Inspetoria de Policiamento da Alimentação Sanitária, criada em 1925,

comprar o produto em quantidaes maiores. Mas também é fato que, se o leite era uma fonte de proteína animal importante, a carne igualmente o era. Neste caso, os autores reconheceram que a deficiência se devia ao custo elevado do produto. Identificado o *déficit*, eles propunham soluções aparentemente fora do âmbito de atuação dos profissionais de saúde pública. Entre elas, o desenvolvimento da cultura da soja (com preços e gosto semelhantes ao do feijão consumido amiúde na cidade), e

> uma modificação tal no regime industrial e comercial da carne e do leite, que acarretasse sensível barateamento de seu custo, para então poder frutificar a propaganda da intensificação do consumo, e conseguir-se imprimir no povo o hábito do uso de tão úteis alimentos.[57]

O combate à ignorância popular ganhou outros diagnósticos e argumentos ao longo da primeira metade do século XX. Os debatedores, porém, reconheciam a antiguidade do problema e do próprio debate.

Como afirmou Thalino Botelho, "a ignorância e o pauperismo" eram, havia pelo menos quarenta anos, os motivos clássicos da má alimentação. Pela ordem, primeiro viria o combate ao pauperismo, que ele reconhecia ser o fator mais importante, propondo ampliar a produção de alimentos, melhorar o cultivo da terra e priorizar as condições do transporte. Já a ignorância residual tinha de ser vencida pela educação e dependia de pré-requisitos em política econômica e agrícola: "educaríamos o povo

---

concentrou a ação de seus agentes na produção e distribuição do leite; cf. COLLUCCI. *Mães, médicos e charlatães, op. cit.*, p. 26.

57 SOUZA, CINTRA e CARVALHO. "Inquérito sobre alimentação popular", *op. cit.*, p. 45-48.

ensinando-o a abrir a bolsa para compra dos melhores alimentos, já então produzidos em maior escala, a mais baixo preço".[58]

O binômio pauperismo-ignorância já fora evocado por Dante Costa, especialista em alimentação escolar. Costa era nutrólogo e professor da Faculdade de Medicina da Universidade do Brasil, no Rio de Janeiro. Organizou a Seção Técnica do SAPS que, entre outras medidas, instituiu um serviço de desjejum escolar em 1942, atendendo cerca de mil filhos de trabalhadores que, entre outras contrapartidas, tinham de se submeter a exames médicos em dias agendados. As definições de Costa eram avalizadas oficialmente, não só devido à sua inserção no funcionalismo público, mas também pelo fato de que era o governo federal quem publicava suas obras, como *Alimentação e progresso: o problema do Brasil* e *Higiene, alimentação e crime*, ambas editadas pelo SAPS. Em função de sua especialidade, esse autor ressaltava as ações educacionais, realçando o papel de "alguns esplêndidos cursos, em São Paulo", que formavam educadoras sanitárias para desenvolver também atividades ligadas à alimentação em escolas e centros de saúde. No entanto, o principal marco nesse sentido teria sido a formação e o início da atuação das primeiras turmas de visitadoras de alimentação, em 1941, pelo SAPS:

> munidas de endereços de um cadastro previamente obtido, visitavam cada casa durante quatro semanas, uma visita por semana, realizando na sala de jantar e na cozinha familiar uma educação alimentar objetiva e prática, sem eliminar contudo algumas das novas aquisições da educação racional.[59]

---

58 BOTELHO. *Acesso à alimentação racional, op. cit.*, p. 192-193.

59 COSTA, Dante. *Alimentação e progresso*. Rio de Janeiro: SAPS, 1951, p. 93.

Alguns de seus métodos poderiam causar certa estranheza entre as donas de casa. Tais métodos envolviam desde a organização de listas de compras a partir das verbas disponíveis pela família até a satisfação das predileções dos moradores da casa e das "verdades da ciência alimentar".[60]

Merenda escolar

As escolas também se apresentavam como espaços privilegiados para a intervenção direta dos especialistas em higiene alimentar, por meio da merenda escolar.

Antes de abordar o tema na primeira metade do século XX, reporto-me a um debate mais recente. A partir de meados da década de 1980, no bojo de mais uma transição democrática na história política brasileira, educadores e administradores públicos envolveram-se em um acalorado debate. Tratava-se de definir o papel a ser cumprido pelas instituições escolares na solução dos problemas relacionados à desnutrição, educação e pobreza, diante da afirmação de que as escolas estavam se tornando "grandes restaurantes" e, por consequência, sendo assistencialistas e adotando soluções paliativas não relacionadas à sua função precípua: o ensino.[61]

A abordagem podia ser nova, mas o tema em debate não era novidade. Pelo menos desde meados da década de 1940, a distribuição de merendas escolares já era motivo de discussões e estudos.

Primeiramente, vamos verificar uma definição de merenda escolar. Dante Costa expôs o conceito em 1939:

---

60 *Idem, Ibidem*, p. 94.

61 FISCHMANN, Roseli. "Educação, alimentação e economia: uma relação de coerência ou contradição?" *Educação e Sociedade*, 8(24): 75, ago. 1986.

Jaime Rodrigues

> A merenda é a pequena refeição, de digestão fácil e valor nutritivo bastante, realizada no intervalo da atividade escolar. Ela constitui um dos muitos traços de união entre a casa e a escola: preparada em casa, pelo cuidado solícito das pessoas disso encarregadas, vai ser utilizada na escola. Mais uma vez vê-se que a escola é e deve ser o prolongamento do lar.[62]

A merenda teria a função social de minorar os problemas nutricionais entre as crianças, num quadro em que era de "domínio público que o nosso povo come mal, de maneira desacertada e deficiente".[63] No caso das crianças, a desnutrição era entendida como um dos motivos do mau rendimento escolar – mas não o único, já que a ela deveriam se somar as condições habitacionais, de vida familiar e a hereditariedade.[64] Para corrigir o que lhe competia como intelectual e servidor público, Costa sugeriu cardápios a serem trazidos de casa, compostos basicamente de leite, sucos de frutas, bolos, polenta, tapioca, chocolate e sanduíches feitos de ovos, de carne de boi e de galinha, requeijão e queijo.

---

62 Cf. COSTA, Dante. *Merendas escolares: vinte e cinco sugestões de merendas para crianças escolares brasileiras*. Rio de Janeiro: Serviço Gráfico do MEC, 1939. p. 5. Quase dez anos depois, a definição dada pelo mesmo autor em nada se modificara, cf. *Alimentação do escolar*. Rio de Janeiro: Serviço de Documentação do Ministério da Educação e Saúde; Imprensa Nacional, 1948, p. 11. Em seu manual destinado às mães e às jovens estudantes, Isabel Serrano reproduziu as sugestões de merenda escolar de Dante Costa, o que denota a popularidade e a longevidade da proposta. Cf. SERRANO, Isabel. *Noções de economia doméstica*. São Paulo: Cia. Ed. Nacional, 1951, p. 130-138.

63 COSTA. *Merendas escolares, op. cit.*, p. 3.

64 COSTA. *Alimentação do escolar, op. cit.*, p. 13. O livro era dedicado "às mães e às professoras primárias", cf. p. 3-4.

Elaborada em fins da década de 1930, essa concepção de merenda escolar soa estranha à sensibilidade dos cidadãos do século XXI. Por merenda, o autor definia aquele alimento trazido da casa para a escola e consumido nesta última, e não, como passou a ser mais tarde, o alimento oferecido pelas diferentes instâncias de governo nas escolas mantidas com dinheiro público. No entendimento do percurso entre uma e outra forma de merenda, o debate sobre o assistencialismo na rede escolar, que oferta comida como um "grande restaurante" a partir da década de 1980, torna-se mais compreensível.

A preocupação de Costa era orientar as mães no preparo da merenda. A sistematização dessas orientações consolidou-se após a realização de inquéritos alimentares em boa parte do território brasileiro, entre as décadas de 1930 e 1940, a fim de definir hábitos e comportamentos alimentares calcados nas condições regionais do país. Cerca de dez anos depois, a preocupação já se deslocara: a merenda, ou ao menos parte dela, começava a ser vista como refeição preparada na escola. A transformação originara-se nas próprias mudanças das políticas públicas, neste caso voltadas à chamada "assistência alimentar ao escolar". As opções vislumbradas para materializar essa assistência eram a oferta de desjejuns, almoços ou merendas, tendo o poder público optado, na maioria das vezes, pela terceira possibilidade. Como afirmava Costa, algumas escolas já serviam o almoço escolar, mas essa era uma medida de difícil implementação econômica.[65] Em alguns casos, a proposta era aproveitar restos normalmente não utilizados nos processos industriais para compor a merenda, como fez uma dietista mineira ao sugerir o uso do sangue bovino em um cardápio onde constava sopa, picadinho,

---

65 *Idem, Ibidem,* p. 13.

bifes, sarapatel, arroz ao molho pardo e almôndegas de sangue, fontes de proteína para os pobres.[66]

A propaganda da prefeitura paulistana sobre a importância dos parques infantis resultou em inúmeras publicações sobre as iniciativas educacionais no município, destacando a atenção dada à "assistência alimentar" oferecida nesses parques, com o objetivo de sanar a desnutrição. Pesquisas do Serviço de Higiene Escolar do Estado davam conta de que 60% das crianças matriculadas nos parques infantis eram desnutridas. Esse cálculo valeria não apenas para o público dos parques, mas para a "criança proletária" em geral, quase sempre portadora de duas ou três doenças, muitas das quais poderiam ser sanadas com uma alimentação adequada. Para poderem cumprir os programas de jogos e educação física, as crianças tinham de ser alimentadas em um patamar mínimo e, para tanto, a prefeitura instituiu a merenda escolar, "com fornecimento de frutas, doces, pão, queijo e leite, atingindo este a 30 mil copos mensais".[67]

---

66 MELO, Maria de Lourdes. *O problema da alimentação escolar do pobre*. Recife: Rotary Internacional, s/d [dec. 1940].

67 MIRANDA, Nicanor. *O significado de um parque infantil em Santo Amaro*. São Paulo: Subprefeitura de Santo Amaro, 1938, p. 20; *Idem. Origem e propagação dos parques infantis e parques de jogos*. São Paulo: Departamento de Cultura, 1941, p. 20.

Ao passar a ser preparada nas cozinhas das escolas, a merenda escolar tornou-se mais um dos objetos de interesse e intervenção das educadoras sanitárias. Nas imagens, feitas entre meados dos anos 1930 e meados da década seguinte, podemos observar alguns aspectos do olhar investigador das educadoras, como a verificação do acondicionamento do material alimentício (foto nº 1737) e a inspeção do preparo de alimentos (foto nº 1743). As imagens referem-se ao Parque Infantil da Barra Funda, e em ambas o asseio (quem sabe preparado especialmente para receber o fotógrafo) é perceptível nos azulejos que refletem a educadora como um espelho (CMSP, fotos 1737 e 1743, respectivamente).

Simultaneamente, o estado e o município de São Paulo também desenvolveram, ainda que de forma irregular, programas de complementação alimentar destinados às crianças, em particular aos escolares. Mencione-se, nesse sentido, os programas de distribuição de leite *in natura* e em pó que, com diversas denominações, foram implantados desde 1945 e vigoram até hoje.[68]

Alimentação dos operários

No conjunto de moradores da cidade, além dos escolares e das famílias, os trabalhadores fabris representaram o terceiro recorte a respeito do qual foram produzidos discursos técnicos, pensadas políticas específicas e exercida a atividade daqueles profissionais que se dedicavam aos temas da alimentação. Algumas especificidades desses discursos, práticas e políticas podem ser apontadas.

Destaco, primeiramente, a atenção relativamente tardia de atuações e produções intelectuais, quando a questão da alimentação dos operários é comparada à dos escolares ou à das famílias. É certo que questões como a ignorância e seu contraponto – a "alimentação racional" – também foram aplicadas como diagnósticos e conceitos de intervenção acerca da realidade alimentar dos operários, mas se referiam de forma ampla a toda a população urbana.

A segunda especificidade da alimentação dos trabalhadores fabris que quero destacar é a relativa isenção dos poderes públicos. Tão tardiamente como em 1956, ainda notava-se que mesmo fábricas com fortes vínculos estatais como as do Exército não ofereciam alimentação satisfatória aos operários.[69]

---

68 CAVALCANTI, Nicanor Ferreira e RIBEIRO, Helena. "Condições socioeconômicas, programas de complementação alimentar e mortalidade infantil no Estado de São Paulo (1950 a 2000)". *Saúde e Sociedade*, 12(1): 35, jan./jun. 2003.

69 Cf. FONSECA, Wanda S. da. *Alimentação do trabalhador nas indústrias de pólvora e explosivos*. Rio de Janeiro: SAPS, 1956, p. 9.

Dito de outro modo, tratava-se do papel desempenhado pela parceria desses poderes com a iniciativa privada, especialmente com os industriais e seus representantes em entidades de classe patronais. Inquéritos alimentares voltados ao público familiar, particularmente de famílias de trabalhadores, ainda que nem todos fossem operários, foram aplicados em São Paulo desde 1932, e diferentes políticas de saúde tomaram essas experiências como base. A criação do salário mínimo também pode ser entendida como uma medida que alcançava as famílias, já que era voltada aos trabalhadores urbanos e pensada enquanto possibilidade de satisfação das necessidades básicas das famílias destes. Diferentemente das escolas ou dos parques infantis, que eram espaços notoriamente públicos, os operários reuniam-se em espaços privados, sob a responsabilidade dos empregadores – e, no caso da alimentação, sob sua própria responsabilidade.

Diversos foram os autores interessados na alimentação dos operários. Alguns aplicaram inquéritos ou valeram-se dos resultados de inquéritos aplicados por outrem, como Oscar Egídio de Araújo.[70] Outros se detiveram nas variações de necessidades alimentares em função da ocupação, como Josué de Castro[71] e Thalino Botelho.[72] No Instituto de Higiene,

---

70 ARAÚJO. "A alimentação da classe obreira de São Paulo", *op. cit.*

71 CASTRO, Josué de. "As condições de vida das classes operárias no Recife: estudo econômico de sua alimentação". *RAMSP*, 18: 167-176, 1935. Manuel Correia de Andrade informa sobre outra edição da obra no mesmo ano, feita no Rio de Janeiro pelo Departamento de Estatística e Publicidade do Ministério do Trabalho, Indústria e Comércio, cf. "Josué de Castro: o homem, o cientista e seu tempo". *Estudos Avançados*, 11(29), abr. 1997. A primeira edição de que temos notícia saiu no Recife, publicada pela Imprensa Industrial em 1932, com o título Condições de vida das classes operárias do Recife, cf. CASTRO, Anna Maria de *et al.* "Josué de Castro - por um mundo sem fome". Disponível em <http://www.projetomemoria. art.br/JosuedeCastro/cont_livros.htm>, acessado em 20 nov. 2009.

72 BOTELHO. *Acesso à alimentação racional, op. cit.*

o professor Benjamim Alves Ribeiro levava em conta esses dois aspectos, considerando as recomendações da Junta de Higiene da Liga das Nações, que definia as necessidades calóricas de acordo com o sexo, com o exercício muscular, o clima de onde se vivia, a idade e a condição das grávidas e nutrizes. Suas equações consideravam todas essas variáveis, como no exemplo retirado do trabalho do médico e nutricionista estadunidense James Somerville McLester (1877-1954), que previa a necessidade total em calorias "dum sapateiro de 40 anos de idade, 180 cm de altura e 70 quilos de peso, trabalhando oito horas por dia".[73]

As preocupações de Ribeiro ampliaram-se para abarcar a saúde dos trabalhadores no ambiente das fábricas. Na década de 1940, a Seção de Higiene do Trabalho do Instituto de Higiene projetou o serviço médico do Instituto de Pesquisas Tecnológicas (IPT) – àquela altura uma instituição anexa à Escola Politécnica da USP, empregando 250 pessoas, entre técnicos, pessoal administrativo e operários. Na ficha de exames médicos periódicos, os trabalhadores deveriam informar seus hábitos alimentares, o que se traduzia em inquéritos feitos regularmente no interior de um mesmo grupo. Os médicos deveriam indagar quantas eram as principais refeições do dia, onde e quanto os trabalhadores comiam, se fumavam ou bebiam leite, café e álcool, e qual era a frequência de suas evacuações intestinais.[74]

O IPT era um dos poucos estabelecimentos industriais paulistanos onde os trabalhadores contavam com restaurantes – experiência que vinha sendo timidamente introduzida no país havia alguns anos. Cleto

---

73 RIBEIRO, Benjamim A. "Princípios da alimentação do homem normal". *BIHSP*, 63: 5, 1938. O consumo calórico de operários, variável conforme a idade e o tipo de trabalho, foi calculado diversas vezes, como em FONSECA. *Alimentação do trabalhador, op. cit.*, p. 53.

74 RIBEIRO, Benjamim A. "Organização e funcionamento de um serviço médico industrial". *BIHSP*, 80: 3-8, 1943.

Veloso, por exemplo, fez uma alusão rápida à necessidade de se criarem restaurantes populares e cozinhas coletivas em fábricas, quartéis, colégios e hospitais, pois isso garantiria boa alimentação a preços reduzidos[75] – não sabemos se do mesmo tipo previsto por seu contemporâneo Bannitz:[76] peso e altura seriam tomados à entrada dos restaurantes e os pratos seriam postos à mesa de acordo com as medidas do consumidor.

Para os autores preocupados com a alimentação dos operários, a abordagem mais comum era a da ineficiência da mão de obra mal alimentada. Comendo pouco e mal, dizia Alexandre Moscoso, o trabalhador adoecia e transformava-se "em peso morto para o Estado". Moscoso notava o "abuso nocivo da cachaça" entre esse grupo social e insistia na indolência deles, proveniente não do clima, mas da alimentação inadequada e insuficiente, sendo um das causas disso a ignorância:

> O trabalhador não usa legumes, não se utiliza de frutas, não toma leite e não come ovos, embora possa encontrá-los ao alcance, sem grande esforço, oferecidos pela uberdade do solo nacional a troco de um diminuto trabalho ou mesmo sem ele pela sua espontânea fertilidade. É o lastimável contraste entre a pujança da terra e o depauperamento orgânico do homem, conduzindo ao enfraquecimento da raça, resultantes da ignorância, da falta de educação e do descaso público na orientação de uma política alimentar para a solução do problema.[77]

75 VELOSO, Cleto. *Alimentação: o problema da alimentação encarado do ponto de vista fisiológico, higiênico, dietético e social.* Rio de Janeiro: Zélio Valverde, 1940, p. 364.

76 BANNITZ, Joaquim Novais. *Centro de saúde, contendo novidades sobre alimentação nos colégios, asilos, orfanatos etc.* 2ª ed. São Paulo: Mangione, 1942.

77 MOSCOSO. *Alimentação do trabalhador, op. cit.*, p. 85.

Embora notasse o "descaso do poder público", Moscoso referia-se ao passado. No momento da primeira edição de seu livro – 1939 –, as ações do governo Vargas significavam uma promessa de atenção para o "capital assunto" da alimentação. Trata-se, para ele, de um momento de refundação do Estado.[78] Um Estado Novo, como o próprio presidente batizara o regime liderado por ele.

Dante Costa iria mais longe, mas somente no início da década seguinte, quando traçaria um breve apanhado histórico sobre o surgimento dos restaurantes populares na União Soviética e o sucesso da experiência conduzida pelo SAPS com esses restaurantes. Costa não informou quantos restaurantes eram mantidos pelo SAPS, mas sabemos que, até aquela data, havia estabelecimentos dessa natureza apenas na então capital federal, e planejava-se instalar mais 198 em cinco anos, distribuídos entre capitais como Rio de Janeiro, São Paulo, Recife, Salvador e Porto Alegre. De acordo com ele, havia dois tipos de restaurantes populares: os que serviam cardápios fixos e os que não os serviam, com vantagem acentuada para os do primeiro tipo, já que, em países da América Latina, "é baixa a capacidade do povo em escolher adequadamente os alimentos".[79] A ignorância popular era, assim, mais uma vez apontada.

Os discursos a respeito da alimentação dos operários baseavam-se em estudos abordando necessidades calóricas e, também, em inquéritos e pesquisas de padrão de vida, a partir de exigências ditadas pelo texto da Constituição de 1937 acerca do "problema alimentar da classe obreira".[80] Aquela Constituição criara o Conselho da Economia Nacional e, entre outras atribuições, incumbia seus membros de

---

78 *Idem, Ibidem*, p. 86.

79 COSTA, Dante. *Alimentação e progresso: o problema do Brasil*. Rio de Janeiro: SAPS, 1951, pp. 53-59.

80 ARAÚJO. "A alimentação da classe obreira de São Paulo", *op. cit.*, p. 95.

organizar, por iniciativa própria ou proposta do Governo, inquérito sobre as condições do trabalho, da agricultura, da indústria, do comércio, dos transportes e do crédito, com o fim de incrementar, coordenar e aperfeiçoar a produção nacional.

Entre os inquéritos, estavam as pesquisas de padrão de vida que embasariam o valor do salário mínimo "capaz de satisfazer, de acordo com as condições de cada região, as necessidades normais do trabalho".[81] O espírito da lei manteve-se na Constituição seguinte, segundo a qual o salário mínimo deveria ser "capaz de satisfazer, conforme as condições de cada região, as necessidades normais do trabalhador e de sua família".[82]

Araújo dedicou-se a definir os problemas da alimentação dos operários em São Paulo, partindo de experiências anteriores, como o clássico inquérito de Souza, Cintra e Carvalho e as pesquisas de Horace Davis e Samuel Lowrie, frutos de parcerias entre o Instituto de Higiene, a Escola Livre de Sociologia e Política e a prefeitura municipal paulistana. A novidade trazida por seus estudos foi a atenção dada ao fator *nacionalidade* nos comportamentos alimentares. Constatando que a população da cidade era composta por grupos de origens nacionais bastante diferenciadas, Araújo percebeu as diferenças que essas origens traziam para o consumo, os hábitos, os comportamentos e as práticas alimentares, notando a importância desse fator e a complexidade da questão no município. De acordo com ele,

---

81 Constituição dos Estados Unidos do Brasil de 10 de novembro de 1937. Disponível em <http://www.planalto.gov.br/CCIVIL/Constituicao/Constitui%C3%A7ao37.htm>, artigos 61 e 137, respectivamente.

82 Constituição dos Estados Unidos do Brasil de 18 de setembro de 1946. Disponível em <http://www.planalto.gov.br/ccivil_03/Constituicao/Constitui%C3%A7ao46.htm>, art. 157.

a. brasileiros consumiam mais açúcar, arroz e feijão; e menos pão, batata e leite;

b. portugueses e italianos aproximavam-se de brasileiros na média de consumo da maior parte dos alimentos, mas os primeiros destacavam-se no consumo de batata, bacalhau e farinha de trigo, enquanto os segundos, em macarrão, com pouco consumo de batata e peixe;

c. os espanhóis destacavam-se pelo consumo de pão, gordura, tomate, batata e leite, e pouca farinha de trigo;

d. por fim, os lituanos eram grandes consumidores de carne bovina, batatas, peixe, farinha de trigo, queijo e manteiga, pouco consumindo arroz, feijão e macarrão.[83]

Para sanar deficiências nutricionais, monocordicamente atribuídas à ignorância, voltava-se ao tema da educação, posto que "já há salário razoável, capaz de satisfazer, em determinada época e região do país, as necessidades normais de alimentação, habitação, vestuário, higiene e transporte do trabalhador adulto".[84] Mas educar não era tudo, no caso dos operários. Incapazes de prover sua própria "higiene alimentar", por ignorância ou baixos salários, os operários deveriam ser tutelados na refeição que faziam durante o horário de trabalho, "evitando-se os molhos apimentados, as frituras, pastéis, rabanadas, batatas fritas, as conservas e usar alimentos em perfeito estado de sanidade".[85]

A criação de restaurantes populares pelos industriais, em parceria com o Estado, constava entre as providências indispensáveis – como já fazia a *General Motors*, que oferecia, e cobrava, refeições em sua fábrica situada em São Caetano do Sul. Araújo sugeria ainda retomar a "ideia muito interessante" de Paula Souza, que eram as cozinhas

---

83 ARAÚJO. "A alimentação da classe obreira de São Paulo", *op. cit.*, p. 99-101.

84 *Idem, Ibidem*, p. 110.

85 FONSECA. *Alimentação do trabalhador, op. cit.*, p. 59.

populares, onde seriam preparados e vendidos alimentos básicos e em rações exatas.[86]

Outro inquérito com intenções similares foi conduzido no início da década de 1940, por Maria Thereza Nogueira Garcez, assistente social e pesquisadora da Divisão de Estatística e Documentação Social da prefeitura paulistana. Em seu trabalho, podemos ver sinais claros de emprego da metodologia usada nas pesquisas de padrão de vida aplicadas desde 1937 por aquele órgão. Porém, a assistente social manifestou outros interesses que podem nos aproximar do universo ainda bastante desconhecido que é a alimentação dos operários no período.

Uma vez consolidado seu questionário, a autora o aplicou entre 330 trabalhadores fabris, moradores de 22 bairros da capital e de dois municípios vizinhos, a maioria deles áreas de concentração operária: Água Rasa, Tatuapé, Belém, Brás, Vila Maria, Mooca, Ipiranga, Vila Anastácio, Vila Prudente, Vila Bela, Vila Zelina, Vila Leopoldina, Cambuci, Lapa, Pinheiros, Perdizes, Casa Verde, Jardim Paulista, Vila Mariana, Liberdade, Itaquera, Artur Alvim, Santo André e São Caetano do Sul.[87]

No grupo, mais de 80% dos entrevistados alimentavam-se no trabalho, mas nenhuma das indústrias que empregavam esses operários dispunha de instalações como restaurantes ou cozinhas: "a alimentação ele [o operário] a traz consigo ao vir para o trabalho, o que é mais frequente, ou recebe de casa à hora do almoço". No interior da fábrica, sequer havia refeitórios ou outros espaços, para serem usados na hora das refeições, pois os operários almoçam, "na maior parte das vezes,

---

86 ARAÚJO. "A alimentação da classe obreira de São Paulo", *op. cit.*, p. 111.

87 GARCEZ, Maria Thereza Nogueira. *Inquérito das condições de alimentação entre um grupo de operários da capital.* São Paulo, PUCSP, 1943, p. 9-10 (Mon. Conclusão Curso de Assistência Social).

desabrigados, em péssimas condições higiênicas e sem o menor conforto (sentados pelas sarjetas, sem água para lavar as mãos, estirados ao longo das calçadas"88. A situação apontada por Garcez assemelhava-se àquela constatada alguns anos antes por Paula Souza:

> A classe trabalhadora ou se nutre do que leva de casa, nem sempre alimento mais apropriado, ou recorre ao restaurante barato, onde as mais das vezes só pode controlar a quantidade fornecida, nada sabendo quanto à qualidade e à maneira de preparo; gêneros impróprios, que desafiam a arte do cozinheiro, constituem frequentemente o prato dessa gente.[89]

Garcez insistia na ignorância como um aspecto dos problemas alimentares, ao constatar a reduzida variedade dos cardápios das marmitas – arroz, feijão e carne; ou feijão e arroz combinados a alimentos como linguiça, batata, banana e polenta.[90] Mas, como agravante desses mesmos problemas, indicava também a péssima situação econômica. Para ela, a solução estava nos restaurantes populares, pois estes ofereceriam refeições sadias e "racionalmente dosadas", além de estarem localizados nas próprias fábricas, quando estas comportassem, ou em locais que permitissem atender trabalhadores de mais de uma fábrica.

As autoridades estaduais orientariam a implementação, pois quem deveria dirigir tais restaurantes era a iniciativa privada. Sua concepção

---

88 *Idem, Ibidem,* p. 35-44.

89 GPS, doc. PI 1939.2, 8 fev. 1939, fls. 1 e 2, texto escrito para o *Jornal da Manhã.*

90 Constatação próxima à da análise comparativa de ARAÚJO. "A alimentação da classe obreira de São Paulo", *op. cit.*, p. 92, acerca da alimentação básica dos paulistanos, constituída de feijão, batata, pão, arroz e carne.

aproxima-se de um discurso mais recente sobre o papel do Estado na economia, mas pode soar familiar também àqueles que, hoje, identificam a suposta ineficiência estatal também na área social:

> [Os restaurantes seriam] preferencialmente de iniciativa particular, uma vez que, apenas secundariamente, o Estado é chamado a exercer sua função social – pois sempre que um indivíduo ou empresa particular, sem ferir direitos alheios, puder agir a bem de seus próprios interesses, da mesma maneira que o Estado faria diretamente, este deve abster-se sistematicamente de intervir.[91]

A presença estatal seria sentida na educação alimentar, embora mesmo nesse nível os empregadores tivessem um papel a cumprir junto aos "membros da família operária". Os industriais, "porção mais favorecida no rebanho de Nosso Senhor Jesus Cristo", não se davam conta de seu "dever de caridade" para com os operários e esqueciam-se de que eram "homens intelectualmente mais desenvolvidos que os seus dirigidos".[92] E, a essa altura, também não se davam conta de que, quando empregassem mais de quinhentos operários, era obrigatório por lei construir refeitórios para os trabalhadores.[93]

---

91 GARCEZ. *Inquérito das condições de alimentação, op. cit.*, p. 45.

92 *Idem, Ibidem*, p. 48.

93 Cf. Decreto-Lei nº 1.238, de 2 maio 1939. Disponível em <https://legislacao.planalto.gov.br/LEGISLA/Legislacao.nsf/fraWeb?OpenFrameSet&Frame=frmWeb2&Src=%2FLEGISLA%2FLegislacao.nsf%2FviwTodos%2Fd70dee46dba52ffd032569fa005ec4a0%3FOpenDocument%26Highligh t%3D1%2C1.238%26AutoFramed> e citado por SCHWARTZMAN, Simon; BOMENY, Helena M. B. e COSTA, Vanda M. R. *Tempos de Capanema*. São Paulo: Paz e Terra; Rio de Janeiro: Ed. FGV, 2000.

O descumprimento da lei que obrigava os empregadores a manterem refeitórios para os operários fabris não parece ter sido motivo de uma pressão governamental mais intensa sobre os empresários, assim como não parecem ter restado vestígios da mobilização dos operários para o cumprimento da lei. Muitos intelectuais, por sua vez, ao mencionarem o assunto, evitavam remeter à obrigação legal e escreviam no sentido de convencer os empresários das vantagens que o sistema traria à produção. Ressalto a exceção representada por Pompêo do Amaral, para quem o fornecimento de refeições aos trabalhadores não deveria levar as consciências empresariais ao alívio ou pensar que "socorrê-los, em tal emergência, signifique promover a solução do problema da coletividade". No início dos anos 1960, quando ele publicou sua obra, os refeitórios para operários eram considerados uma experiência fracassada no exterior; as políticas e os investimentos públicos, àquela altura, começavam a ser revertidos aos refeitórios escolares.[94]

Na opinião de parte dos técnicos e cientistas ligados ao Estado, o alimento, mais do que um direito humano e uma garantia da sobrevivência, tornava-se um meio de produção:

> o principal instrumento de trabalho do operário, pois (…) com ele adquire saúde, e com esta, a energia necessária para o exercício da sua profissão (…). O industrial e o operário devem cuidar do organismo do trabalhador, máquina humana, tanto ou mais do que zelam pelas máquinas de suas fábricas; desgraçadamente, essa máquina humana não é como as do patrão, que podem ser substituídas ou reconstituídas por meio de acessórios.[95]

---

94 AMARAL. *O problema da alimentação, op. cit.,* p. 571.

95 EVANGELISTA, José. *Alimentação e rendimento do trabalho.* Rio de Janeiro: MEC, 1954, p. 37.

Tornado máquina, o corpo do operário era visto como um condomínio no qual o patrão também tinha parte e por ele deveria zelar. Se "desgraçadamente" para o patrão esse corpo não podia ser parcelado como as peças mecânicas do maquinário fabril, podia sim ser substituída e o era com frequência, fosse por razões de saúde, fosse por conjunturas que levavam ao desemprego – diferentemente do que afirma José Evangelista, o autor do trecho citado. Uma visão prática do cuidado alimentar necessário com a "máquina humana" nos é oferecido páginas depois, quando o autor explica que os acidentes de trabalho não se deviam à insegurança das condições das fábricas, mas à desnutrição que fazia "despencar o pobre operário do andaime do 20º andar". Era a cegueira noturna (uma avitaminose) – em vez de freios, sinais ou imprudência do motorista – que provocava acidentes fatais com caminhões que transportavam operários. Falta de sal e vitamina B1 causavam câimbras e faziam o operário "perder o braço nas engrenagens da sua máquina". "Orgias pantaguélicas" de álcool, ao festejar a vitória de seu clube de futebol, também causavam distúrbios e acidentes de trabalho,[96] mas nenhuma palavra foi dita sobre acessórios e equipamentos de segurança no trabalho. A culpa pelos acidentes era do próprio trabalhador acidentado, tendo o patrão uma parcela de responsabilidade correspondente à ausência de assistência alimentar devida aos seus empregados.

Além de diminuir o prejuízo com as "máquinas humanas" acidentadas, lucro maior adviria de um trabalho "mais produtivo, mais eficiente e mais perfeito", realizado por operários bem alimentados nos refeitórios fabris. As vantagens também se derramariam sobre o Estado e a população em geral:

---

96 *Idem, Ibidem*, p. 44.

> O Estado obterá resultado porque os hospitais ficarão menos lotados com a diminuição das doenças de carência, da anemia, da tuberculose etc. O país aproveitará porque terá filhos mais fortes e mais sadios.[97]

* * *

Seja na forma de intervenções técnico-científicas ou na elaboração e implementação de políticas públicas, a alimentação popular em São Paulo foi um objeto sobre o qual os profissionais da Saúde Pública se debruçaram desde os primeiros passos na direção de sua consolidação institucional. Foi também sobre esse objeto que a ciência da Nutrição pôde delimitar seus interesses acadêmicos e consolidar-se como um discurso competente a respeito das práticas, hábitos e comportamentos dos populares, buscando e logrando certa autonomia em relação às ciências médicas, biológicas e sociais.

A sociedade na qual esses profissionais intervieram não cessou de se transformar ao longo do período estudado. Parte das transformações pode ser creditada à própria intervenção estatal e acadêmica, mas o universo das mudanças não estava, absolutamente, restrito a essas ações. Descartando qualquer tipo de determinismo ou onipotência na atuação de cientistas e poderes públicos no que tange aos hábitos e comportamentos sociais, não se pode negar a eficácia das pretensões de se corrigir problemas pela via da educação, mesmo que por um viés por vezes autoritário. Se os principais efeitos de uma política educacional alimentar somente se fariam sentir nas gerações futuras, faziam-se necessárias outras ações, mediante diagnósticos da sociedade: a aplicação de inquéritos alimentares e a delimitação de seu respectivo público-alvo reiteraram o conceito da ignorância

---

97 MOSCOSO. *Alimentação do trabalhador, op. cit.*, p. 107.

popular em relação à sua própria alimentação. O combate à ignorância só poderia ser feito recorrendo-se ao seu oposto: a racionalidade. A disseminação da ideia de uma "alimentação racional" como base de políticas públicas na área rendeu inúmeras páginas em estudos feitos principalmente durante o Estado Novo – tema que ainda se ressente de uma análise mais detida pelos historiadores da alimentação no Brasil e que será abordada no próximo capítulo.

Capítulo 3

A "alimentação racional": uma proposta de intervenção nas práticas alimentares populares[1]

1 Versão anterior e bastante resumida deste texto foi apresentada no 24º Simpósio Nacional de História da ANPUH, na Universidade do Vale do Rio dos Sinos (RS) em 2007.

"Não constitui nenhum exagero a afirmativa de que a alimentação do trabalhador é completamente errada (...). Este grave e antigo defeito tem influído sobre a raça e passado de geração em geração, sem o tempo modificá-lo, talvez até acrescentando-o de outros vícios modernos e hábitos extravagantes, pela atração dos centros urbanos, com a mecanização do trabalho, que exige menor energia e seduz o sexo feminino, afastando-o dos serviços domésticos, das obrigações familiares, inclusive dos cuidados da alimentação, provocando assim os malefícios consequentes ao abandono das zonas de produção e o decorrente atraso das populações rurais, impondo, em contraste, a árdua luta econômica pela existência, no burburinho confuso, dinâmico e ambicioso da vida nas capitais."

MOSCOSO, Alexandre. *Alimentação do trabalhador*. 3ª ed., Rio de Janeiro: Serviço de Propaganda e Educação Sanitária do MEC, 1940, p. 81-82.

Entre meados dos anos 1930 e a metade da década de 1940, as questões alimentares no Brasil tornaram-se objeto do interesse de pesquisadores da ciência da Nutrição, que produziram uma quantidade alentada de estudos sobre o assunto. O período foi apontado por uma estudiosa como o dos estudos pioneiros nesse campo do conhecimento, bem como da institucionalização acadêmica da Nutrição.[2] Muitos intelectuais, alguns dos quais nomeados ao longo deste capítulo, trabalharam em órgãos governamentais e, particularmente durante o Estado Novo, articularam seus interesses de pesquisa com as políticas estatais de integração nacional que marcaram a história política do Brasil nesse período.

Exemplo claro disso pode ser visto na intervenção de Geraldo Horácio de Paula Souza, diretor da Faculdade de Higiene e Saúde Pública (São Paulo), durante a XI Conferência Sanitária Panamericana, ocorrida no Rio de Janeiro entre 7 e 19 de setembro de 1942. Na ocasião, Souza destacou as políticas governamentais voltadas à alimentação, concentradas em órgãos como a Seção de Nutrição da Divisão de Organização Sanitária do Departamento Nacional de Saúde, o Instituto Oswaldo Cruz, o Ministério da Agricultura e o Ministério do Trabalho – no caso deste último, ressaltando a experiência dos restaurantes populares.[3] Mais explícitas e engajadas eram as afirmações de Cleto Veloso, em obra publicada no início da década de 1940:

> o governo Getúlio Vargas acaba de sancionar a lei do salário mínimo para as classes laboriosas de todo o país, já em vigor, e cria igualmente o Serviço Central de Alimentação, com um vasto programa educativo e prático de assistência alimentar – fatos estes sem precedentes nos anais da nossa história político-administrativa. Tudo nos leva a crer que, daqui por diante, o problema da alimentação racional do brasileiro, amparado não só pelo governo mas também

---

2   LIMA. *Mal de fome e não de raça, op. cit.*

3   GPS, documento PI 1942.7, 17 set. 1942.

pelo particular (...) se transforme em esplêndida realidade, a exemplo do que já fizeram nesse sentido a América do Norte, a Inglaterra, a Alemanha, Rússia, França, Japão, Itália e ultimamente a Argentina – países onde há hoje uma verdadeira assistência alimentar.[4]

A Argentina não surgiu por acaso como modelo a ser seguido em uma proposta brasileira de alimentação racional. As iniciativas e experiências lideradas por Pedro Escudero e seu *Instituto Nacional de la Nutrición*, criado em Buenos Aires em 1928, foram citadas inúmeras vezes e influenciaram fortemente os autores brasileiros que se dedicaram aos estudos da alimentação popular. Um estudo da influência de Escudero no Brasil ainda está por ser feito. A III Conferência Internacional de Alimentação, ocorrida em Buenos Aires em 1939 e presidida por Escudero, foi o fórum onde se recomendou a adoção do ensino sistemático da alimentação nas escolas e a necessidade de se criar serviços públicos de alimentação.[5] Os membros das comissões técnicas do SAPS, por exemplo, responsáveis pela elaboração de políticas públicas alimentares, inspiraram-se largamente nas Leis da Alimentação de Escudero para definir que a alimentação racional deveria ser suficiente, completa, harmônica e adequada.[6] Ao menos, o

---

4 VELOSO. *Alimentação, op. cit.*, p. 24-25.

5 Entre outros especialistas brasileiros que mencionam a influência de Escudero, as iniciativas argentinas e uruguaias do Instituto de Alimentação Científica do Povo e seus refeitórios operários, ver MOSCOSO. *Alimentação do trabalhador, op. cit.*, p. 105 e ss; e AMARAL. *O problema da alimentação, op. cit.*, p. 570. Sobre o destino trágico das instalações do Instituto em Buenos Aires, ver SCHÁVELZON, Daniel. *El laberinto del patrimonio cultural: como gestionarlo em uma gran cuidad.* Buenos Aires: APOC, 2008, p. 174 e ss.

6 RIBEIRO, Álvaro e BOTELHO, Thalino. *Alimentação e bem estar social.* 2ª ed., Rio de Janeiro: SAPS, 1958, p. 372. Ribeiro chefiava a clínica de doenças

intelectual argentino incluía uma "lei" que previa a adequação a cada pessoa, respeitando-lhe a individualidade – o que muitos de seus seguidores brasileiros não enfatizaram.

A gestação e o desenvolvimento da ideia de "alimentação racional" é um exemplo importante desse tipo de interesse acadêmico articulado às políticas estatais. A expressão ganhou força e visibilidade a partir de 1938, tomando como marcos duas iniciativas editoriais.

A primeira foi *Viver! Mensário de força, saúde e beleza*, revista de divulgação de conhecimentos higiênicos, educacionais e eugênicos, vendida em bancas entre 1938 e 1946, na qual era publicada, desde os primeiros números, uma coluna intitulada "Alimentação Racional", com dicas para o melhor aproveitamento dos ingredientes e utensílios de cozinha e para a otimização do tempo no preparo da comida.

A segunda iniciativa em que o termo apareceu de forma pioneira encontra-se na obra *Os pequenos fundamentos da boa alimentação*, de Thalino Botelho, na qual a adoção da "alimentação racional" integrava uma lista de dez sugestões para resolver os problemas alimentares no Brasil. Por si, a lista já trazia uma pauta importante para o estudo histórico das políticas públicas voltadas à alimentação no século XX, e abrangia as seguintes propostas: criação de refeitórios ou cozinhas municipais que atendessem à demanda por merendas escolares; criação de cooperativas alimentares em escolas e fábricas para diminuir o preço dos gêneros; criação de cozinhas experimentais; criação de cursos de economia alimentar doméstica para donas de casa; ensino de alimentação racional para o povo, com jornais, cartazes, rádio e cinema; ensino de noções alimentares de nutrição nas escolas primárias e secundárias; ensino de Nutrição nas faculdades de Medicina; criação de órgãos governamentais

---

da nutrição do Instituto de Assistência e Previdência dos Comerciários, dirigia a Divisão Técnica do SAPS e lecionava Fisiologia da Nutrição no curso de nutrólogos do mesmo órgão.

encarregados de distribuir alimentos essenciais; criação de outros órgãos na mesma esfera, para realizar a fiscalização em instituições particulares (como colégios internos, por exemplo), e criação de órgãos de governo que estudassem racionalmente a questão do salário mínimo.[7]

Os cartazes de campanhas educativas que tinham como tema a alimentação foram uma das formas de intervenção estatal na questão. Outros temas foram alvos de campanhas da mesma natureza – principalmente voltados à vacinação, à prevenção de acidentes do trabalho e à valorização profissional de médicos e farmacêuticos, por exemplo. As imagens selecionadas também faziam parte de um universo iconográfico inspirado ou adaptado dos cartazes de propaganda feitos nos Estados Unidos e disseminados em países da América Latina pelo menos desde o início do século XX.

A imagem registra a produção artesanal de cartazes no Serviço Sanitário de São Paulo – que, para isso, contava com os serviços de técnicos reunidos na Seção de Epidemiologia e Propaganda. No caso, o cartaz refere-se aos meios de prevenção da febre tifoide (CMSP, foto n° 1881).

---

7 BOTELHO, Thalino. *Os pequenos fundamentos da boa alimentação*. Rio de Janeiro: Serviço de Propaganda e Educação Sanitária, 1938, p. 8-9.

O cartaz ressalta a importância do leite numa alimentação destinada a reforçar o vigor da "raça", apropriada para crianças e adultos em diferentes horas do dia, e foi produzida pela Prefeitura do Rio de Janeiro, então Distrito Federal (CMSP, foto nº 2105).

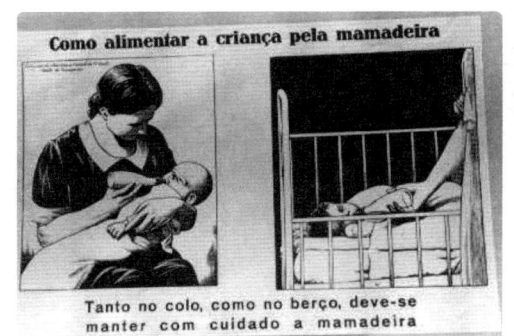

Em cartaz elaborado em data desconhecida, mães inexperientes aprendiam a amamentar seus rebentos que deixavam o peito (CMSP, foto nº 2114).

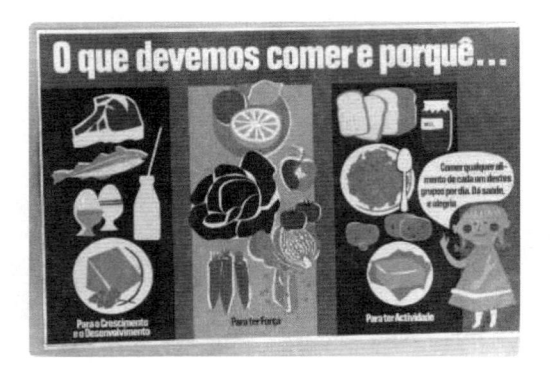

Utilizando a imagem de uma criança, provavelmente já iniciada nas regras da educação alimentar racional, conhecimentos eram repassados às outras crianças e aos adultos: comida equilibrada promove o crescimento e o desenvolvimento, a força e a atividade – que pode ser traduzido também por disposição para o trabalho (CMSP, foto nº 2186).

Além dos cartazes, a propaganda pelo cinema e pelo rádio parecia animar os defensores da alimentação racional que lidavam na dimensão educativa.[8] Exemplo disso se deu na I Exposição de Alimentação, promovida pelo governo do Estado de São Paulo em 1941. Grande afluxo de público e presença de autoridades da República – incluindo Vargas – fizeram o sucesso do evento, divulgado pela projeção de um "esplêndido filme, dando boa ideia da mostra" nas sessões de cinema de todo o país.[9]

Paula Souza, por sua vez, em pelo menos uma oportunidade, foi aos microfones de uma emissora palestrar sobre a necessidade dos brasileiros consumirem mais laranjas. Na ocasião, ele concordou com a opinião de muitos sobre ser a laranja uma "fruta saborosa", mas "dentre o povo, poucos são (…) os que sabem das suas grandes qualidades alimentares". A palestra lhe valeu, entre outros reconhecimentos, um telegrama de felicitações do chefe de gabinete do Ministério da Agricultura e a publicação de um livreto no qual se transcreveu o texto lido na rádio. A primeira edição dos livretos esgotou-se rapidamente e outros dez mil exemplares foram impressos e distribuídos em todo o país. Notícia dando conta disso foi publicada, entre outros, no *Jornal do Comércio*, no *Correio Paulistano*, no *Jornal da Manhã*, no *Diário de São Paulo* (editados em São Paulo), no *Correio Português* (na cidade do Rio de Janeiro) e n'*O Estado* (em Niterói, então capital fluminense) de 14 de julho de 1940.[10]

---

8   Ver, por exemplo, Peregrino Jr., que via na caserna, na escola, no rádio, no cinema e no jornal "os instrumentos de educação e difusão [que] devem ser mobilizados nessa grande campanha nacional" pela orientação alimentar. *Alimentação, problema nacional, op. cit.*, p. 122.

9   AMARAL. *O problema da alimentação, op. cit.*, p. 583.

10   GPS, docs. PI 1940.1 – texto da palestra na Rádio Educadora Paulista, 16 abr. 1940; CO 1940.4 – telegrama de Sampaio Arruda a Paula Souza, 19

Na relação dos motivos não-excludentes da militância de Paula Souza em prol da melhoria da alimentação popular, contavam-se a iniciativa própria, a inserção do tema entre suas atribuições como diretor da Faculdade de Higiene e Saúde Pública e o vínculo com o Instituto de Organização Racional do Trabalho (IDORT).[11]

No que se refere à alimentação racional, os textos de divulgação, os artigos em jornais e revista e as matérias em emissoras de rádio cumpriam um papel basal, sendo Paula Souza um intelectual que transitava bem por todos esses canais. Sua visão acerca das iniciativas do IDORT corroboravam os princípios que norteavam a atuação daquela instituição, principalmente no que se refere à criação de "uma atmosfera feliz de ampla cooperação" com vistas à solução "dos problemas vitais para a nacionalidade", como ele afirmou em um texto escrito para o *Diário da Noite* de 24 de setembro de 1940.[12]

abr. 1940; CO 1940.7.1A e CO 1940.7.1B – ofício de Mario Vilhena, secretário do Serviço de Publicidade Agrícola do Ministério da Agricultura a Paula Souza, 17 jul. 1940, e resposta de Paula Souza, 24 jul. 1940, respectivamente. Transcrevi e analisei essa palestra em "A guerra e as laranjas: uma palestra radiofônica sobre o valor alimentício das frutas nacionais (1940)". *História, Ciências, Saúde-Manguinhos*, 14(4): 1401-1414, 2007.

11 Sobre esta instituição, ver ANTONACCI, Maria Antonieta M. *A vitória da razão(?): o IDORT e a sociedade paulista*. São Paulo: CNPq/Marco Zero, 1993.

12 GPS, doc. PI 1940.3, fl. 1.

Geraldo Horácio de Paula Souza em palestra no IDORT, em 1943 (CMSP, foto nº 239).

Em 1940, Paula Souza referia-se às "conferências constituintes do programa estabelecido pelo IDORT", mais conhecidas como Jornada sobre Alimentação Racional. No âmbito daquela instituição, a Jornada sobre Alimentação (1940) fora precedida pela Jornada contra o Desperdício nos Transportes (1939) e, em seguida, foram realizadas jornadas sobre Habitação Econômica (1941), sobre Economia Rural (1942), sobre o Brasil no Pós-Guerra (1943-1944) e sobre Educação (1945-1946).[13] A partir dessas conferências, surgiu a ideia, jamais implementada em larga escala, de criação das *feijoarias*. Com base na experiência do inquérito sobre a alimentação popular aplicado entre 1932/33 nos bairros paulistanos de Pinheiros e Cerqueira César, Souza explicava que o preparo do feijão requeria um tempo longo, maior do que todos os demais alimentos de uma refeição juntos. Essa "soma de esforços e o dispêndio decorrente do preparo do feijão em

---

13 Cf. IBANHEZ, Lauro César. *O discurso político-ideológico e o projeto racionalizador do Instituto de Organização Racional do Trabalho (IDORT) na década de 1930*. São Carlos, Univ. Fed. de São Carlos, 1992 (Dissert. Mest.).

cada família" poderia representar uma dificuldade para a ampliação no consumo desse valioso alimento. Por isso, o objetivo do IDORT era criar "cozinhas de bairro" destinadas exclusivamente ao preparo do feijão, que seria vendido pronto às famílias – experiência que, segundo o autor, já ocorria nos Estados Unidos.[14]

Dois anos depois, Souza reforçava seu argumento em uma entrevista à Agência Nacional. Em sua opinião, as feijoarias trariam uma economia no consumo de combustíveis como gás, carvão e lenha, no contexto da Segunda Guerra Mundial e das dificuldades de abastecimento sentidas no Brasil daquele período. Além disso, o autor fazia uma analogia com o circuito de produção e venda do pão: se, no passado, esse era um alimento feito em casa, as transformações nos hábitos e na produção permitiram que o pão fosse vendido nas padarias e, com isso, as mulheres ficaram liberadas desse trabalho que requeria longo tempo e dedicação no preparo. O preparo e a compra fora do lar possibilitaram a realização de experiências com novos ingredientes nas misturas – sendo o caso clássico, mas não único, o do Pão de Guerra.[15] Em 1943, Paula Souza, Moura Campos, Fonseca Ribeiro, Orsini e Ulhôa Cintra constituiriam a *Comissão do Pão de Guerra dos Fundos Universitários*, sugerindo e vendo aprovada uma mistura contendo farinha de trigo, leite em pó e fosfato tricálcico, entre outros ingredientes, que "panificou bem e houve aumento do valor nutritivo".[16] Ainda

---

14 GPS, doc. PI 1940.3, fl. 2.

15 Em 1937 – antes, portanto, do início da Segunda Guerra Mundial –, o Decreto nº 26 institui o "pão misto", incluindo trigo, milho e raspas de mandioca na mistura. Ver SILVA, Benedito Bruno da. *A soja: sua importância na alimentação, seu emprego no pão*. São Paulo: Ed. Revista dos Tribunais, 1941, p. 9 e 97.

16 CAMPOS, Franklin A. de Moura. *Problemas brasileiros de alimentação*. Rio de Janeiro: SAPS, 1949, p. 160-166.

naquele contexto, a Associação Paulista de Medicina buscava alternativas para o enriquecimento da alimentação popular dos brasileiros por meio de concurso entre seus filiados.[17] Diferentes misturas foram testadas no preparo do pão no contexto da Segunda Guerra Mundial ou às suas vésperas, com ingredientes como a soja e outros.[18] Com as feijoarias ocorreria algo semelhante:

> o feijão, que em lugar de ser comprado como hoje, em pequenas parcelas, nem sempre com escolha e critérios devidos, preparado em pequenas porções, nem sempre pela melhor técnica, de consumir um tempo precioso das donas de casa ou cozinheiras e obrigar a um dispêndio de combustível geralmente muito superior ao que se tornaria indispensável para o preparo da mesma porção feita em maior escala, pudesse ser encontrado já pronto para ser servido, em nossa porta, ou ao nosso fácil alcance, em estabelecimentos localizados em vários pontos da cidade.[19]

O objetivo era fazer das feijoarias os núcleos das almejadas cozinhas distritais e, além dos membros do IDORT, a iniciativa contaria com o apoio dos empresários reunidos na Federação das Indústrias

---

17 Ver GPS, doc. PI 1944.5, 29 maio 1944, parecer de Paula Souza sobre trabalho concorrente ao prêmio "Giovanni Lorenzini" - "Enriquecimento adequado da alimentação popular do Brasil".

18 SILVA. *A soja, op. cit.* ZALECKI, Gustavo. "O problema da carestia do pão em São Paulo". *RAMSP*, 44: 42-44, fev. 1938, trata da mistura do chamado "pão do povo", feito com metade de farinha de trigo e metade de farinha de mandioca.

19 "Feijoarias", entrevista à Agência Nacional em 24 maio 1942. GPS, doc, PI 1942.4A, fl. 1.

de São Paulo. Em que pesem os esforços de Souza e o poder das instituições associadas à ideia, a experiência não teve o êxito esperado: a primeira feijoaria só seria implantada em São Paulo no final do ano de 1950, no então populoso bairro operário do Brás. A iniciativa era do Serviço Social da Indústria, na época em Souza ocupava a diretoria da Divisão de Assistência Social da entidade.[20] Quanto às cozinhas distritais, algumas foram instaladas pelo SESI na segunda metade da década de 1940, tendo uma delas, situada no Tatuapé, recebido o nome de Paula Souza.[21]

Thalino Botelho, um dos precursores no uso do termo "alimentação racional", daria ênfase ao conceito em outras obras, publicadas nos anos 1950. Dividindo sua atenção entre temas da Nutrição – vitaminas, minerais, fontes de energia – e da educação alimentar, Botelho previa formas de instituir dietas racionais para as diferentes fases da vida e grupos diversos: grávidas e nutrizes; recém-nascidos e lactentes; pré-escolares, escolares e adolescentes; adultos e velhos e coletividades.[22]

---

20 *Ibidem*, fl. 3; "A primeira feijoaria a ser instalada pelo SESI no Brasil". Diário de São Paulo, 25 nov. 1950. Juntamente com o SAPS, o SESI ganhou ares de "orgulho nacional", "nascido da generosidade e compreensão social dos homens da indústria", cf. EVANGELISTA, José. *Alimentação e rendimento do trabalho, op. cit.,* p. 38.

21 VICENTINI, Paula Perin. "Imagens de professores: a visibilidade dos profissionais na Revista do Professor (São Paulo, 1934-1965)". *Educação em Revista* [Belo Horizonte], 32: 21-56, dez. 2000; "SESI. Em São Paulo delegados da instituição em vários estados. Inaugurada a Cozinha Experimental Paula Souza". O Estado de São Paulo, 14 jul. 1951; "Destacadas personalidades dos diferentes círculos paulistas comparecem ao almoço de ontem na Cozinha Distrital do Tatuapé. Palavras do Secretário da Educação". *Diário de São Paulo*, 16 out. 1953.

22 BOTELHO. *Acesso à alimentação racional, op. cit.*

Em fins da década de 1950, Álvaro Ribeiro e Thalino Botelho, ligados ao SAPS, reconheciam a importância do já citado relatório Burnet-Aykroyd. O reconhecimento de Ribeiro e Botelho se dava não só pelas questões ali enfrentadas, mas por aquele documento ter demarcado uma mudança de postura nos estudos nutricionais e nas políticas públicas de combate à fome, no caso brasileiro enfatizadas no âmbito do SAPS, criado em agosto de 1940, como sucessor burocrático do Serviço Central de Alimentação do Instituto de Assistência e Previdência dos Industriários, idealizado por Josué de Castro e instituído no ano anterior:

> Assim, além de fatores fisiológicos (...) até então estudados, iniciou-se os estudos dos fatores econômicos e sociais. São os inquéritos alimentares, as criações de cooperativas de consumo, os postos de subsistência, as cantinas populares, as cozinhas centrais, as distribuições de alimentos em caminhões, as divisões de ensino, os trabalhos de investigação etc. Os estudos do problema alimentar aparecem, em todos os países, relacionados estreitamente com o estudo da economia nacional e com a preocupação social de alimentar os escolares, as classes trabalhadoras, os grandes núcleos de população.[23]

No caso de São Paulo, as experiências educacionais na área de higiene e, particularmente, de alimentação, iniciadas nos anos 1920, persistiam nas décadas seguintes. Essas experiências tiveram um aporte significativo com a criação e expansão da rede de parques infantis na

---

23 RIBEIRO e BOTELHO. *Alimentação e bem estar social, op. cit.*, p. 25.

capital – projeto idealizado por Mário de Andrade enquanto esteve à testa do Departamento de Cultura do município.[24]

De 1935 até a década de 1950, a Prefeitura de São Paulo investiu recursos públicos na implantação dos parques infantis. A princípio, a alimentação era um item que surgia timidamente no programa de ação dos parques: na propaganda oficial, o prefeito Fábio da Silva Prado podia orgulhar-se de distribuir frutas e 140 litros diários de leite, que "têm trazido real proveito aos pequenos anêmicos e desnutridos" frequentadores dos seis parques existentes em sua gestão, entre 1934 e 38.[25]

Se a oferta de alimentos no ambiente escolar não ganhara ainda a dimensão que tomaria décadas depois, a educação alimentar cumpria parte do programa de instituição da "alimentação racional". A educadora sanitária Clorinda Guttilla relatou a experiência do trabalho de "educação higiênica-alimentar" realizado ao longo de uma semana junto a crianças que ingressavam no Parque Infantil do Ipiranga, em abril de 1945. Logo no primeiro dia, ela contou às crianças uma "historieta sobre deficiências vitamínicas", que reproduzo a seguir:

> Era uma vez três irmãozinhos chamados Maria, Amélia e José. Todos três eram muito doentes e por mais que sua mãe insistisse não tinham vontade de comer, nem de brincar.
>
> Maria, a mais velha, era muito pequena para a sua idade e era feinha porque tinha uma doença nos olhos – úlcera da córnea (...). Amélia, a do meio, também era feia, porque era muito pálida, e além disso tinha sempre dor de dentes

---

24 Ver ANDRADE, Cleide Lugarini de. *A contribuição de Mário de Andrade para a Saúde Pública no estabelecimento de um projeto de educação destinado a crianças e jovens no Departamento Municipal de Cultura da cidade de São Paulo (1935-1938)*. São Paulo, FSP/USP, 2008 (Tese Dout. Saúde Pública).

25 *Parques infantis*. São Paulo: Gráfica da Prefeitura, s/d.

e suas gengivas estavam sempre inflamadas e sangrando. José era o menor, muito fraco, tinha uns braços muito finos, barriga grande e as perninhas eram tortas, razão porque caía a todo o instante (...).

Um dia, quando menos esperavam, aconteceu uma coisa formidável, fantástica. Sabem o que foi? As crianças viram lá no horizonte uma coisa luminosa, como uma estrela, que se aproximava, e quanto mais perto das crianças, maior ela ficava. Os meninos ficaram pasmos, boquiabertos, com os olhos deste tamanho, olhando para aquela maravilha. E a "visão", quando estava bem perto, disse:

— Maria, Amélia, José, ouçam bem o que eu vou falar e prestem bastante atenção: eu sou a Saúde. Maria, se quiser crescer, curar essa doença que tem nos olhos; se você, Amélia, quiser ficar corada, nunca mais ter dor de dentes, nem gengivas inflamadas e sangrentas; se você, José, quiser ficar forte, endireitar as pernas e poder correr bastante, precisam fazer o que eu disser: todos os dias vocês devem comer muitas frutas, muita verdura, bastante leite. Ovos, laranja, limão, abacate, tomate, milho, aveia, agrião, abacaxi, cenoura, manteiga, fígado, carne, alface, abóbora, pimentão, devem comer sempre. Se fizerem o que lhes disse, vocês ficarão fortes, grandes, vivos, inteligentes, bonitos, assim como eu.

E a "visão" desapareceu...

Os três irmãozinhos, quando voltaram a si do espanto, foram depressa contar à sua mãe o que lhes tinha acontecido:

A mãe, como era mulher inteligente, resolveu seguir os conselhos daquele aviso do céu, e durante uma porção de dias as crianças comeram bastante laranjas, bananas, mamão, abacaxi, alface, cenoura; muito leite, queijo, carne, manteiga e fígado.

Logo, eles começaram a melhorar e a mãe resolveu perguntar a um médico o que havia de milagroso em tais alimentos. Ele explicou que era uma substância (...) que não vemos mas sem a qual não podemos viver. É como um "remédio" e muito fácil de tomar, pois nem sentimos o seu gosto. Essa substância (...) é chamada VITAMINA e pode apresentar várias espécies (...).

— Alguém é capaz de viver sem ar?

— Não.

— E você vê o ar?

— Mas o ar existe (...). Assim, também as VITAMINAS: nós não as vemos, mas se não as comermos podemos ficar doentes. Ninguém gosta de ficar doente. Todos devemos ser fortes, devemos ter disposição para comer, brincar, estudar e trabalhar. Todos nós queremos e devemos ser como aquela visão que apareceu para os três irmãozinhos: o retrato da Saúde".[26]

Entusiasmada, Guttila prosseguiu seu trabalho ao longo daquela semana ensinando as crianças a fazer sucos de frutas, conduzindo jogos e outras atividades lúdicas, como recortes e colagens. Certamente, suas intenções eram as melhores, ao mesmo tempo em que revelam o papel da formação na atuação das educadoras sanitárias.[27]

---

26 GUTILLA, Clorinda. "Sobre um 'test' de alimentação aplicado às crianças do Parque Infantil do Ipiranga". *RAMSP*, 56: 102-103, mar./abr. 1946.

27 Objeto de estudos de SANTOS, Maria Walburga dos. *Educadoras de parques infantis em São Paulo: aspectos de sua formação e prática entre os anos de 1935*

Destaco a semelhança formal entre essa narrativa e os contos de fadas que fariam parte do universo daquelas crianças, se em casa os pais tivessem o hábito de ler histórias para elas, já que se tratavam de crianças ainda não alfabetizadas. Iniciando com o clássico "era uma vez", a historieta apresenta a Saúde como uma visão altamente espiritualista (um "aviso do céu"), mas ainda assim, portadora de um discurso científico enunciado numa linguagem compreensível aos meninos e às meninas. Todas as recomendações eram corretas do ponto de vista nutricional e podem nos parecer, hoje, lugares-comuns. Mas talvez não fossem conselhos tão corriqueiros na década de 1940, que traduzissem conhecimentos disseminados como hoje. Afinal, a mãe das crianças, qualificada de "mulher inteligente", só resolveu segui-los após o relato da aparição. A inteligência da personagem representante do modelo materno, neste caso, não derivava de conhecimentos adquiridos, mas sim da aceitação em mudar hábitos arraigados e nocivos.

Essa mudança de postura pode ser entendida como um sinal de que, com a educação sanitária escolar, as crianças recebiam orientações para criar bons hábitos ao longo da vida, mas a pretensão de atingir o público adulto mantinha-se como prioridade.

A Saúde fantasmagórica trazia uma mensagem sobre a importância das vitaminas, mas esse conhecimento tinha que ser confirmado pela voz gabaritada do médico, que deu ares terrenos à visão de crianças pobres, famintas e doentes. A educadora também parecia ter sido fortemente influenciada pela Campanha das Vitaminas, tocada ao longo da década de 1940.[28]

---

e 1955. São Paulo, Faculdade de Educação da USP, 2005 (Dissert. Mest.) e ROCHA, Heloísa. *A higienização dos costumes, op. cit.*

28 OLIVEIRA. *Arautos da nutrição, op. cit.*, p. 62.

OUVIR OS CONSELHOS DA HYGIENE É CONSERVAR A SAUDE DOS FILHOS

O uso de fotografias e, num sentido mais amplo, da iconografia como instrumento pedagógico na formação de profissionais na área de Higiene, pode ser exemplificado na união da historieta contada por Clorinda Guttila ao conteúdo desta imagem. Se ela teve acesso a este cartaz durante seu curso de educadora sanitária no Instituto de Higiene, como acredito que teve, não é improvável supor que ela tenha criado sua história a partir de uma adaptação da mensagem visual na construção de seu conto de fadas. A aparição narrada por ela não era da Higiene, mas de seu duplo Saúde, o que denota evidentes pretensões pedagógicas. Saúde era um termo de uso comum, enquanto Higiene era um saber acadêmico e talvez fosse também uma palavra circunscrita a uma ação profissional distante do vocabulário popular. O alvo direto de seu conto não era a mãe, mas sim crianças na fase pré-escolar – afinal, a educadora dirigia-se ao público de um parque infantil. Em sua formação e em sua prática como educadora, Gutilla tomou contato e valeu-se dos ensinamentos preventivos de Higeia, deusa símbolo da Saúde Pública, e não de sua irmã Panaceia, representante, juntamente com Asclépio, pai de ambas, do saber médico curativo. Como educadora, podia prevenir, mas não curar (CMSP, foto nº 1764).

A historieta tinha vários pontos obscuros que podiam escapar à compreensão infantil, mas lidava com a intuição e tinha um sentido educativo inequívoco. Leitores adultos podem perguntar: por que, sendo filhos de uma mãe inteligente, as crianças só passaram a comer corretamente depois da aparição? Fico tentado a sugerir que a resposta estava em outras esferas, não solucionáveis pela educação sanitária: o preço dos alimentos e a renda das famílias, principalmente daquelas cujos filhos estudavam nos parque infantis mantidos pela prefeitura paulistana.

A desequilibrada distribuição de renda certamente não era um traço exclusivo de São Paulo, sendo esse um assunto discutido em diferentes instâncias e por autores de posicionamentos diversos. Na época em que a experiência do Parque Infantil do Ipiranga foi relatada, os paulistanos (e muitos brasileiros que viviam nas cidades) ainda sentiam os efeitos da carestia, fruto das dificuldades de abastecimento ocorridas na Segunda Guerra Mundial. No mesmo ano de 1946, uma charge publicada em um jornal paulistano sugeria, com humor, um caminho para fazer baixar os preços dos alimentos no varejo.

Charge de Belmonte, publicada na *Folha da Noite* de 26 de junho de 1946, seguida da legenda: "A única coisa que está faltando acontecer".

A ideia de "alimentação racional", sobre a qual tanto se insistiu em publicações e propostas de políticas públicas durante o Estado Novo, não desapareceu com a queda de Vargas. A partir do início da década de 1950, a orientação das mães ou das jovens recém-casadas para que cuidassem da alimentação de seus filhos também era tema de manuais destinados às mulheres ou de publicações didáticas destinadas às normalistas, difundidas no campo da Puericultura. Tratava-se de difundir os princípios da "alimentação racional" – sistematização de práticas que tinham uma densa trajetória anterior. Como explicava uma autora nesse período:

> É necessário que as futuras donas de casa aprendam e, ainda mais, ponham em prática, em seus lares, os princípios da alimentação racional, cientificamente estabelecidos, para que os futuros brasileiros sejam modelos de crianças sadias e vigorosas (...). Nos tempos atuais, quando existem o Departamento Nacional da Criança, os Postos de Puericultura e tantos pediatras, é indesculpável que a mãe crie o filho sem observar os mandamentos da puericultura.[29]

A simples existência de órgãos governamentais e de profissionais aptos a orientar as mães são tratadas aqui como soluções consolidadas para problemas alimentares que, como outros autores já divulgavam, deviam ser debitados à pobreza das classes populares. A ignorância feminina e especialmente a materna, sinônimo para tudo isso, continuava sem perdão.

O tipo de alimentação preconizada pelos técnicos ligados aos órgãos governamentais a partir da década de 1930 deixava de ser simplesmente um conceito teórico e transformava-se em política pública. Sua aplicação deveria sanar o velho mal diagnosticado como ignorância popular na forma de se alimentar. A fórmula parecia simples: contra a ignorância, aplicava-se a racionalidade. A realidade social, porém, mostrava-se mais complexa.

Durante as décadas de 1920 e 1930, o atraso e a falta de civilização do país eram apontados na agenda política, e a educação surgia como o meio pelo qual seriam formados o "caráter moral e a competência

---

29 SERRANO. *Noções de economia doméstica, op. cit.*, p. 97 e 127.

profissional dos cidadãos, e (...) isso determinaria o futuro da nação".[30] Nas décadas seguintes, quando o atraso e a falta de civilização ganharam novos contornos e conceitos, como subdesenvolvimento e dependência, nem por isso a educação deixou de figurar entre os fatores de superação desses problemas.

Francisco Pompêo do Amaral, médico-chefe da Superintendência do Ensino Profissional do Estado de São Paulo e autor de inúmeras obras relativas à alimentação dos brasileiros, convidou Rubens Amaral para escrever o prefácio de um de seus livros, voltado "para o povo" e que também podia ser lido com proveito pelos cientistas. Ali, certamente com a anuência do autor, lemos o prognóstico para o que ele entendia ser o tríplice e indivisível problema brasileiro básico: educação, saúde e riqueza – ou a falta delas.

Indivisível era uma força de expressão do autor, já que o problema tinha que começar a ser sanado por algum aspecto. Amaral propunha começar pela alimentação:

> Por enquanto, (...) ensine-se o brasileiro a alimentar-se. É claro que não se modificam de uma hora para outra costumes seculares, padrões de vida, preconceitos, vícios que se arraigam *na ignorância e na preguiça e que são verdadeiras pragas nacionais.* Mas não é de todo inviável uma propaganda que se faça através das escolas, da imprensa, do rádio, das prefeituras, dos médicos, dos fazendeiros, e de todos os veículos imagináveis, para levar ao povo conhecimentos, ainda que elementares, sobre a alimentação.[31]

---

30 SCHWARTZMAN, BOMENY e COSTA. *Tempos de Capanema, op. cit.*, p. 19.

31 AMARAL, Rubens. "Prefácio". In: AMARAL, Francisco P. do. *Comer para viver.* São Paulo: Revista dos Tribunais, 1939, p. 13-14. Destaques meus.

Nota-se no texto a sobrevivência de métodos consagrados, como a educação formal e as campanhas educativas promovidas pelo poder público. Destacava-se a ainda radiodifusão, na época novidade em termos de tecnologia de comunicação de massa, como aliado nas campanhas de esclarecimento aos ignorantes e preguiçosos.

Comer para viver era a contribuição de Amaral para que o povo pudesse alimentar-se racionalmente. Manifestando seu otimismo com os passos dados nos anos anteriores, o autor valorizava a Pediatria, a Puericultura e a Educação Sanitária como métodos que haviam resolvido parcialmente as questões alimentares atinentes à primeira infância. Em função dos bons resultados alcançados, Amaral propunha uma especialização nos serviços a serem prestados aos escolares: as chamadas *clínicas de nutrição*, onde meninos e meninas seriam atendidos e auxiliariam médicos e professores a educar os pais. As crianças eram mais dóceis do que os adultos, pois estes criavam obstáculos à ação educacional alimentar, "adiantando, sem motivo justificado, que as crianças não aceitarão o regime que se lhes pretende impor".[32] Tais clínicas somariam esforços ao que vinha sendo empreendido nas escolas em termos de educação alimentar, "pelos exemplos que a criança, bem orientada na escola, possa introduzir em seu próprio ambiente familiar".[33]

Ao lado de todo o empenho no ensino da boa alimentação feito anteriormente, o inquérito de 1932/33, realizado sob os auspícios do Instituto de Higiene, também era considerado como um marco favorável à implantação e fixação da pretendida alimentação racional durante as décadas de 1940 e 50. Quem apontou isso foi Joaquim

---

32 AMARAL. *Comer para viver, op. cit.*, p. 20.

33 COSTA. *Alimentação do escolar, op. cit.*, p. 3. Ao elaborar em ações de educação alimentar, Amaral concentrava-se em um público feminino no ensino profissionalizante. Ver, desse autor, "A alimentação da população paulistana". *RAMSP*, 90: 55-87, maio/jun. 1948.

Bannitz, alinhando a iniciativa das educadoras sanitárias orientadas por Paula Souza a um outro trabalho, feito pelo Centro de Saúde do Bom Retiro em data não especificada. Essas pesquisas eram encaradas como iluministas, "a centelha das primeiras luzes que iluminaram os passos rumos à alimentação racional dirigida, à criação da Cruzada Pró-Infância e dos parques infantis". Todas essas políticas e a concretização institucional de centros de orientação alimentar faziam São Paulo se destacar no cenário nacional, mas a ignorância popular ainda persistia: "em São Paulo se cogitou do sério problema alimentar que, infelizmente, por incompreensões inexplicáveis, não tomou o vulto e a expansão exigidos pela ignorância, pela incúria e pela situação econômica das classes pobres".[34]

Getúlio Vargas foi citado direta ou indiretamente em diversas músicas compostas e executadas principalmente, mas não exclusivamente, durante o Estado Novo. As citações persistiram quando Vargas candidatou-se e venceu as eleições presidenciais de 1950. Apoio ao governo e ironia marcavam as letras dessas canções populares e, numa delas – *Ministério da Economia*, de Geraldo Pereira e Arnaldo Passos, de 1951 –, o problema alimentar era encarado a partir de uma perspectiva satírica, apontando a pobreza e a impossibilidade de um consumo alimentar satisfatório como decorrências das ações governamentais.

---

34 BANNITZ. *Centro de saúde, op. cit.*, p. 82.

Seu Presidente,
Sua Excelência mostrou que é de fato
Agora tudo vai ficar barato
Agora o pobre já pode comer
Seu Presidente,
Pois era isso que o povo queria
O Ministério da Economia
Parece que vai resolver
Seu Presidente
Graças a Deus não vou comer mais gato
Carne de vaca no açougue é mato
Com meu amor eu já posso viver

Eu vou buscar
A minha nega pra morar comigo
Porque já vi que não há mais perigo
Ela de fome já não vai morrer
A vida estava tão difícil
Que eu mandei a minha nega bacana
Meter os peitos na cozinha da madame
Em Copacabana
Agora vou buscar a nega
Porque gosto dela pra cachorro
Os gatos é que vão dar gargalhada
De alegria lá no morro.[35]

Se dermos às palavras dos sambistas moradores do morro e compositores da Estação Primeira de Mangueira o crédito que elas merecem, o pobre deixaria de comer gato não porque fora retirado das sombras da ignorância, mas porque as medidas de controle dos preços

---

35 "Ministério da Economia". Disponível em http://letras.terra.com.br/
geraldo-pereira/415459/.

e de ampliação do poder de compra do salário mínimo vinham dando algum resultado. "Minha nega", que trabalhava em casa de madame na Zona Sul carioca, sabia o que fazer em uma cozinha; só não cozinhava para seu companheiro nem vivia com ele porque o dinheiro era curto.

Além das menções em letras de canções populares executadas nas rádios, as questões alimentares foram objeto de muitos autores que escreveram seus manuais nesse período e não deixaram de ressaltar os esforços do governo federal e de São Paulo na solução dos problemas. Como sinais desses esforços, Bannitz ressaltava três decretos do estado de São Paulo, todos promulgados no ano de 1939: os que criaram o *Centro de Estudos sobre Alimentação* (Decreto nº 9.903) e o curso de nutrição para donas de casa e auxiliares de alimentação (Decreto nº 10.033), e o que instituiu o curso anexo ao Centro de Estudos sobre Alimentação para a formação de nutricionistas, obrigatório a todas as educadoras (o já citado Decreto nº 10.617), em decorrência da criação do referido centro de estudos.[36] Cumprida essa legislação, sob a égide dos médicos, a ignorância e outros problemas ainda mais graves dela decorrentes se dissipariam: "Mais uma vez o médico brasileiro terá de zelar pelos destinos da raça, removendo hábitos alimentares absurdos, difundindo noções elementares de dietética indispensáveis à boa saúde do povo".[37]

A "evolução social" traria um destino ainda mais sereno e promissor para a "raça" se a alimentação de crianças e mães fosse pautada nas recomendações e nos cuidados emanados das instituições públicas de alimentação. As políticas alimentares foram uma das inúmeras competências que o Estado chamou para si a partir de fins da década de 1930, não como resultado de uma pressão popular ou de um ideário democrático liberal, e menos ainda socialista, mas como parte da

---

36 Ofício de Paula Souza, diretor do Instituto de Higiene, a Jorge Americano, reitor da USP, 9 jun. 1942. GPS, doc. CO 1942.5.

37 BANNITZ. *Centro de saúde, op. cit.*, p. 83.

implantação de um Estado autoritário e centralizador que tinha, na elaboração de algumas políticas populares, uma forma de se justificar diante de habitantes de quem se limitava a cidadania e aos quais se restringiam as possibilidades de mobilização por seus direitos.

Bannitz e outros foram os porta-vozes desse ideário que explicitava o que o Estado deveria e iria fazer em prol da alimentação do povo. Em primeiro lugar, ensinar os princípios da arte culinária às donas de casa, a fim de que todos pudessem gozar as "delícias da vida feliz", principalmente as crianças na mais tenra idade. A assistência estatal não se limitaria a isso, pois esse Estado tudo controlaria: para os adultos, haveria refeitórios públicos, onde trabalhariam cozinheiros formados em escolas de dietistas e que seriam "guardiões da saúde pública". Entre outras atribuições, os funcionários desses refeitórios mediriam e pesariam os "consumidores"; estes, ao sentarem-se à mesa, receberiam seu prato com calorias calculadas a partir das medidas tomadas na porta de entrada. O ideal a ser alcançado com medidas dessa natureza não era modesto: "os gregos cuidaram da sua raça e foram assim os padrões modelares nos tempos áureos do despertar da civilização".[38]

Os esforços citados por Bannitz para resolver os problemas alimentares referem-se também às medidas implementadas no Instituto de Higiene e em sua sucessora, a Faculdade de Higiene e Saúde Pública da USP. O interesse pela criação de um centro de estudos poderia contar com o apoio de uma fundação sediada nos Estados Unidos que se oferecia para financiar

> o Centro Brasileiro de Estudos Americanistas afiliado à Universidade de São Paulo, realizando um vasto inquérito de estudos conjugados, por cientistas sociais brasileiros e

---

38 *Idem, Ibidem*, p. 95.

norte-americanos, sobre os aspectos sociais do problema da nutrição ou alimentação do Brasil.[39]

Menos de um ano depois do envio da correspondência manifestando esse interesse, o governo estadual criava o Centro de Estudos sobre Alimentação no Instituto de Higiene – que, na proposta original de Josué de Castro, deveria ser um Instituto de Alimentação e Nutrição, focalizando o problema alimentar dos pontos de vista biológico, social e econômico.[40] A importância das propostas e dos escritos de Castro para o tema da alimentação popular extrapolam as pretensões deste trabalho, centradas nas experiências paulistanas.[41]

O Centro deveria investigar normalidades e patologias alimentares, proceder a inquéritos sobre alimentação popular, estudar os meios de combater a "má alimentação e a nutrição defeituosa", ensinar a ciência

---

39 Carta de Paul Vanorden Shaw a Geraldo de Paula Souza. GPS, doc. CO 1938.4, 14 fev. 1938. Shaw era professor de História da América na Faculdade de Filosofia, Ciências e Letras da recém-criada USP e "se transladara da Universidade da Columbia, em Nova York, EUA, com toda sua biblioteca, para ministrar aulas na Faculdade", cf. CANABRAVA, Alice P. *O caminho percorrido*. São Paulo: ABPHE, 2003, p. 17. Mais tarde, foi o representante do United Nations Information Center no Rio de Janeiro e representante da ONU na The Latin-American Conference on Forestry and Forest Products, reunida em Teresópolis em abril de 1948, cf. "FAO and Latin América". Unasylva, 2(3). Disponível em <http://www.fao.org/docrep/x5344e/x5344e02.htm>.

40 GPS, doc. PI 1942.15, c. 1942.

41 Sobre Castro, ver ABREU, Alzira A. *et al* (coord.). *Dicionário Histórico-Biográfico Brasileiro Pós-1930*. 2ª ed., Rio de Janeiro: Ed. da FGV, 2001, v. 1, p. 1251. Para o contexto da produção de Castro e de outros autores de sua geração interessados no mesmo tema, remeto ao trabalho de LIMA. *Mal de fome e não de raça, op. cit.*

alimentar a profissionais de diferentes formações e assessorar o governo na implementação de políticas públicas, envolvendo produção, consumo, distribuição e definição do valor econômico dos alimentos, nos termos do Decreto nº 9.903, de 6 de janeiro de 1939.

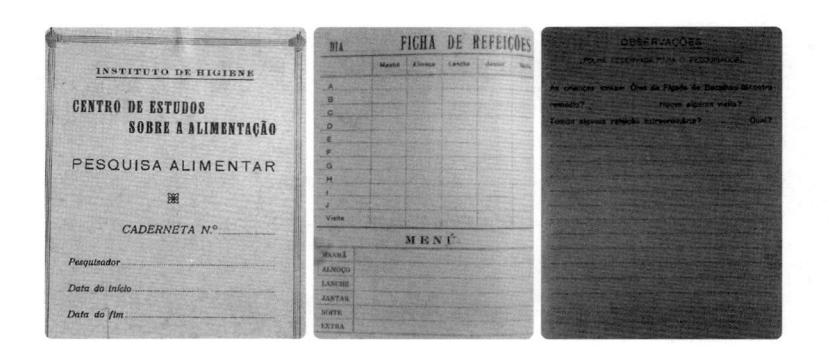

Das cadernetas de pesquisa alimentar do Centro de Estudos sobre a Alimentação restaram apenas estas fotografias, nas quais visualizamos a capa, a ficha de refeições e a folha de observações. Não restaram exemplares preenchidos dessas cadernetas. Pela ficha de refeições, percebe-se que os pesquisadores lidavam com a possibilidade de as famílias contarem com até dez membros, além de uma "visita", sendo que cada uma delas poderia fazer até seis refeições diárias. Nas observações, nota-se a curiosidade com relação ao uso do óleo de fígado de bacalhau, um fortificante infantil dos ossos e dentes de largo consumo popular na época, sendo a marca mais conhecida a Emulsão de Scott, lançado em pequena escala em 1830 nos Estados Unidos, em escala industrial naquele país a partir de 1875 e fabricada no Brasil desde 1908 (CMSP, fotos nºs 1854, 1855 e 1856, s/d, c. 1939).

A criação do Centro de Estudos sobre Alimentação repercutiu na imprensa. Paula Souza, então diretor do Instituto de Higiene, escreveu artigos para jornais como a *Folha da Noite* e o *Jornal da Manhã*, ressaltando a complexidade do assunto e apontando a solução para os problemas alimentares. Insistindo na fórmula que defendia havia anos, Souza pensava em conjugar medidas na área econômica e educacional. De um lado, ele pretendia fazer compatibilizar os preços com o "poder aquisitivo das classes menos favorecidas" e, de outro, estimular a criação dos "melhores hábitos alimentares, segundo o que a ciência aconselha como mais favorável à boa conservação da saúde". Os esforços para solucionar os problemas alimentares teriam de vir de múltiplas origens, tanto de cientistas (higienistas, médicos, fisiologistas, químicos e educadores) quanto dos produtores (agricultores e comerciantes) e da "imprensa esclarecida".[42]

O grupo Folhas, que editava a *Folha da Manhã* e a *Folha da Noite*, afirmava agir por conta própria, independentemente das últimas ações do governo paulista. Defendia, por exemplo, a ideia de se criar um Instituto de Nutrição em vez de um centro de estudos subordinado ao Instituto de Higiene, pondo em questão o auxílio e a presteza nas informações que outras instituições (Instituto Biológico, Instituto Agronômico, Faculdade de Medicina, Departamento de Saúde Pública e Secretaria da Agricultura) forneceriam ao recém-criado Centro.

> Em todo caso, não teremos a menor dúvida em confessar que o erro é nosso se os fatos derem razão aos que pensam ser bastante o Centro de Estudos sobre Alimentação. Para isso, demos tempos ao tempo, que dirá a última palavra. Se, ao fim de um prazo razoável, esse Centro apresentar resultados concretos apreciáveis, assegurando a S. Paulo a primazia que todos lhes desejamos, em pesquisas científicas, propaganda e aplicação, no terreno alimentar, não hesitaremos

---

42 GPS, docs. PI 1939.3 e PI 1939.2, c. 1939 e 8 fev. 1939, respectivamente. A imprensa parece ter, ao menos em parte, atendido ao apelo. Até maio de 1939, a Folha da Manhã trazia matérias de grande porte sobre a criação do Centro de Estudos e também a respeito do "fundamental problema da nutrição". Ver "O Centro de Estudos sobre Alimentação". *Folha da Manhã*, 27 maio 1939.

em reconhecer e proclamar que não havia precisão de um Instituto de Nutrição especializado e autônomo.[43]

A fixação do ideal da alimentação racional seguiu caminhos os mais variados, tendo, entre outros, uma trajetória importante nos manuais de divulgação, nos quais se aliou aos conceitos da Puericultura. Exemplo disso foram as *Noções de economia doméstica*, de Isabel Serrano. Tratava-se de um manual destinado às noivas, a quem cabia conhecer e saber resolver os problemas alimentares no âmbito do lar. Saber fazer apenas pratos especiais, "com a ajuda da mamãe ou o auxílio da titia", não era o suficiente.

O falso lirismo patriótico denunciado por Souza, Cintra e Carvalho em 1935 parecia ter recobrado suas forças e mudado de roupagem durante e após o Estado Novo. Serrano fez menções à fartura da terra, ao inverno pouco rigoroso e ao "solo ubérrimo" do Brasil – razões que tornavam o problema da desnutrição tão espantoso, como lemos no manual destinado às jovens noivas brasileiras.[44]

* * *

Da escola ao lar, o bom desempenho das mulheres como educadoras e mães era crucial para garantir a formação de crianças saudáveis e adultos fortes e dispostos ao trabalho, princípios que norteavam a "alimentação racional". Cozinhar gastando o mínimo e obtendo o máximo de resultados, evitar desperdícios, conhecer o valor nutricional dos alimentos, introduzir itens encontrados na horta doméstica, ampliar

---

43 "O problema da nutrição". *Folha da Manhã*, 28 maio 1939.

44 SERRANO, Isabel. *Quando você casar*. Rio de Janeiro: A Noite, s/d [c. 1951], p. 138.

o consumo do leite, acostumar-se à mistura de outros grãos, além do trigo, no pão e evitar hábitos deletérios como fumo, álcool e "cinema diário" eram alguns desses princípios. Mesmo para aquelas mulheres cujas famílias dispusessem de melhor renda, esses princípios não deviam ser abandonados. Ao contrário, outros conselhos eram acrescidos à lista: não dar crédito aos regimes sugeridos em jornais e revistas para manterem-se elegantes (magras, suponho) e saber fazer para poder mandar a cozinheira da casa preparar a comida do marido e dos filhos, pois um "homem subnutrido" não teria força para trabalhar e ainda por cima "afrontar dificuldades e perigos, conservar a calma e o bom humor nos instantes amargos da existência". Quanto aos filhos, a boa alimentação garantiria as "boas notas" na escola.[45] A julgar por esses preceitos, a felicidade conjugal, o crescimento econômico e a harmonia social dependiam, em boa medida, do papel das mulheres. E não pareciam tão difíceis de serem alcançados, desde que elas se dispusessem a cumprir o papel que lhes fora destinado.

---

45 *Idem, Ibidem*, p. 139 e 141.

Capítulo 4

Cotidiano, políticas públicas e cidadãos na São Paulo de meados do século XX[1]

1 Uma versão deste texto foi apresentada no XIX Encontro Regional de História da ANPUHSP (Poder, violência e exclusão) com o título *Vida material dos trabalhadores: cotidiano, políticas públicas e cidadãos na São Paulo de meados do século XX*, na USP, em jul. 2008.

"Quanto mais atentamente consideramos a vida das classes proletárias, e tentamos compreender o que há de essencial nas atitudes que assumem, mais nos salta à vista que esse elemento essencial consiste num sentido do pessoal, do concreto, do local; daí a importância das ideias de família e de bairro".

HOGGART, Richard. *As utilizações da cultura: aspectos da vida cultural da classe trabalhadora*, v. 1. Lisboa: Editorial Presença, 1973, p. 41.

Na manhã de um dia útil, em meados do século XX, em um bairro de concentração operária na cidade de São Paulo, duas mulheres entabulam uma conversa. Uma delas fala mais, a outra toma notas a partir do que ouve, depois de insistir um pouco sobre a importância da conversa. Os temas giram em torno da família: quantos são, onde nasceram, se trabalham e, fundamentalmente, como gastam seu dinheiro.

O cotidiano familiar surge também em detalhes menos quantificáveis, tais como hábitos e lugares de consumo, o formato e a disposição dos cômodos da casa, as doenças que eventualmente acometiam seus moradores, as dificuldades advindas do desemprego, as bebedeiras e a forma hostil como alguns maridos tratam suas esposas – negando-se a dizer como gastam seu salário, dando pouco dinheiro para as despesas da casa ou abandonando o lar. Falam também sobre a ajuda recebida de amigos e familiares para enfrentar as dificuldades da pobreza, a importância ou o peso dos agregados e os biscates que permitiam tentar contornar a constante falta de dinheiro. No meio da conversa, o marido daquela mais falante adentra o recinto e comenta os problemas enfrentados no mundo do trabalho, dizendo que "preferia ser tratado com mais delicadeza pelo feitor" do que ter que negociar aumento de ordenado: "disse ser tratado como escravo",[2] ainda que fosse um trabalhador livre na cidade que mais crescia no mundo, nos termos do senso comum e de uma certa mitologia cultivada na São Paulo daquela época e das décadas seguintes.

O relato dessa conversa sintetiza uma prática que se deu a partir da segunda metade da década de 1930, quando da criação do salário mínimo no Brasil. Trata-se da aplicação das Pesquisas de Padrão de Vida (PPVs), cujos registros incluíam campos para o exercício da subjetividade dos pesquisadores – representados, nos parágrafos acima, pela mulher que toma notas e convence a outra a falar. É por meio desses textos, repletos de impressões dos pesquisadores que aplicavam as PPVs em São Paulo, que procurarei vislumbrar aspectos da vida cotidiana de famílias de trabalhadores, privilegiando o que escapava ao ambiente onde o trabalho era exercido.[3] A inspiração vem de um estudo conhecido:

---

2 AHMSP/DC/DEDS, PPV Lowrie, caso 1622. A queixa foi formulada pelo sr. Francisco P., sobre quem não há outros dados na fonte, exceto que ele se pronunciou entre 5 de janeiro e 4 de fevereiro de 1937.

3 Para o período anterior ao abordado aqui, remeto ao trabalho de DECCA, Maria Auxiliadora Guzzo. *A vida fora das fábricas: cotidiano operário em São Paulo (1920-1934)*. Rio de Janeiro: Paz e Terra, 1987.

ver o gelo frágil dos hábitos, o solo movediço dos partidos tomados onde se incisam circulações sociais e costumeiras, onde se descobrem atalhos. Aceitar como dignas de interesse, de análise e de registro aquelas práticas ordinárias consideradas insignificantes.[4]

De acordo com o estudioso francês Pierre Mayol, ao lidar com o que ocorria fora do ambiente profissional, é possível afirmar que

> não estamos trabalhando em cima de objetos recortados no campo social de maneira somente especulativa (*o* bairro, *a* vida cotidiana...), mas em cima de relações entre objetos, bem exatamente estudando o vínculo que une o espaço privado ao espaço público.[5]

Ricas em informações e, muitas vezes, eivadas de preconceitos de classe, as impressões dos pesquisadores das PPVs também fornecem dados que permitem analisar a tensão estabelecida entre a formulação de uma política pública – no caso, a definição do valor do salário mínimo conforme os índices de inflação anuais – e a tentativa de preservar faces da privacidade familiar, principalmente por iniciativa das mulheres da classe trabalhadora.

A presença dos pesquisadores nos lares, muitas vezes, era entendida como uma invasão indevida dos agentes do Estado, atuantes em diferentes contextos políticos, tanto em períodos ditatoriais (como durante o Estado Novo) como na "redemocratização" pós-Segunda Guerra ou

---

4 GIARD, Luce. "Cozinhar". In: CERTEAU, Michel de *et al* (orgs.). *A invenção do cotidiano, v. 2: Morar, cozinhar.* 6ª ed., Petrópolis: Vozes, 2005, p. 217.

5 MAYOL, Pierre. "Morar". In: CERTEAU. *A invenção do cotidiano, op. cit.,* p. 38. Destaques no original.

às vésperas do golpe que instaurou a ditadura civil-militar em 1964. Essa impressão de que a postura dos pesquisadores era demasiadamente invasiva deixou registros nas pesquisas com as quais lidei, feitas em época diferentes. Embora aplicadas em São Paulo, não se pode dizer que fosse a mesma cidade ao longo de todo esse tempo. Apenas para efeito de avaliação do crescimento demográfico, em 1937, São Paulo contava com cerca de 1,3 milhão de habitantes; em 1952, esse número subira para algo em torno de 2,1 milhões, enquanto que, em 1963, a Pesquisa de Padrão de Vida coletou amostras em meio a uma população de mais de 3,3 milhões de habitantes.[6]

O universo das amostragens

Temos notícias de diversas Pesquisas de Padrão de Vida entre moradores de São Paulo, como já mencionei no primeiro capítulo. Há indícios de que essas pesquisas eram adaptadas de estudos semelhantes sobre o consumo familiar nos Estados Unidos[7] e introduzidos no Brasil por conta da influência de professores de Sociologia oriundos da

6 Utilizei-me dos números fornecidos por Olmária Guimarães para datas redondas mais próximas dos anos de aplicação das PPVs. De acordo com a autora, e com base em fontes oficiais, São Paulo contava com 1.337.644 habitantes em 1940; 2.198.096 em 1950 e 3.300.218 em 1960. Ver *O papel das feiras-livres no abastecimento da cidade de São Paulo*. São Paulo: Instituto de Geografia da USP, 1979, p. 7.

7 Ver AHMSP/DC/DEDS, PPV Lowrie, Caixa 2(39), Maço 8: "Plano de uma pesquisa mestre da comunidade", tradução de um projeto de pesquisa elaborado para ser aplicado na cidade de Washington; e Maço 10, modelos de questionários de uma pesquisa aplicada nos Estados Unidos para verificação e estudo do consumo familiar, com campos praticamente idênticos aos da PPV aplicada inicialmente por Lowrie no Brasil em 1937, sobre os quais as pesquisas posteriores praticamente não fizeram alterações.

tradição da chamada Escola de Chicago.[8] Em todas as pesquisas, o papel dos professores estadunidenses ligados à Escola Livre de Sociologia e Política foi relevante.

Escolhi quatro dentre essas pesquisas, das quais pude localizar registros documentais, sendo que para uma delas, aplicada na Usina Santa Olímpia em 1937, encontrei apenas um registro. A segunda PPV considerada aqui foi a coordenada por Samuel Lowrie em 1937, e teria embasado o primeiro índice de custo de vida da Prefeitura de São Paulo, sendo sistematizada em um artigo de Lowrie publicado um ano depois da coleta dos dados.[9] Consultei também os registros da pesquisa levada a cabo por Oscar Egídio de Araújo, técnico de estatística da Divisão de Estatística e Documentação Social do Departamento de Cultura da Prefeitura de São Paulo entre 1951 e 1952. Essa PPV foi aplicada às "famílias de trabalhadores da Capital,

---

8 Não me deterei aqui em considerações sobre a influência desses professores e seus métodos no Brasil, remetendo o leitor à bibliografia especializada. Ver, entre outros, LIMONGI, Fernando. "Escola Livre de Sociologia e Política em São Paulo". In: MICELI, Sérgio *et al* (org.). *História das Ciências Sociais no Brasil*, v. 1. São Paulo: Vértice; Ed Revista dos Tribunais; Idesp, 1989, p. 217-33; SIMÕES, Júlio Assis. "Um ponto de vista sobre a trajetória da Escola de Sociologia e Política". In: KANTOR, Íris *et al* (orgs.). *A Escola Livre de Sociologia e Política: anos de formação (1933-1953), depoimentos.* São Paulo: Escuta, 2001, p. 13-18; e VALLADARES, Licia do Prado (org.). *A Escola de Chicago: impacto de uma tradição no Brasil e na França*. Belo Horizonte: Ed. UFMG; Rio de Janeiro: IUPERJ/UCM, 2005.

9 LOWRIE, Samuel. "Padrão de vida dos operários da limpeza pública de São Paulo". *RAMSP*, 51, out. 1938. Mendes informa que essa pesquisa também serviu para a elaboração do livro *As condições de vida dos funcionários da limpeza pública de São Paulo*, de autoria de Samuel Lowrie – obra que não consegui localizar.

atualizando dados para cálculo do índice da Prefeitura".[10] Finalmente, utilizei-me dos registros da PPV coordenada por Athos Pagano em 1963, também no âmbito da prefeitura paulistana.

A metodologia de coleta e sistematização dos dados não mudou significativamente entre as pesquisas de 1937 e 1963. Primeiramente, escolhiam-se os grupos profissionais que seriam pesquisados e, então, os pesquisadores iam até as moradias desses trabalhadores, situadas em diferentes distritos da cidade. Por "moradia", a PPV Lowrie (1937) entendia:

> uma casa ou parte construída ou adaptada para residência de uma família. Um tabique que separe uma casa ou parte para formar duas residências não deve ser considerado como adaptação [suficiente] que faça chegar a formar duas moradias, se ele não separa as partes por todos os lados e até uma altura de pelo menos 2m.[11]

Cada moradia assim definida, e que revelava uma constância dos residentes em manter ali seu local de refeições, sono e relações sociais amplas, deveria abrigar uma família. O termo "família" extrapolava a ideia de família nuclear burguesa e foi explicitado para a PPV Araújo

---

10 De acordo com Soares, outra pesquisa também teria sido realizada em 1952, sob os auspícios de Josué de Castro, e inquiriu os operários têxteis e metalúrgicos que viviam em São Paulo. É possível supor que a metodologia dessa pesquisa fosse inspirada em trabalho anterior, que resultou na publicação do artigo de Castro, "As condições de vida das classes operárias no Recife". Mais uma pesquisa foi feita em 1958 pelo DIEESE, cf. "Custo de vida e salário". Não lidei com os dados dessas pesquisas.

11 AHMSP/DC/DEDS, PPV Lowrie, Caixa 6(68) Maço 22, "Instruções gerais: códigos para organização das fichas-resumo".

(1952) como "grupo de indivíduos que moram juntos, sendo dependentes do mesmo ou contribuindo para sua manutenção".[12]

Cada moradia tinha um "indicado" – nome pelo qual as pesquisas designavam os "chefes" da família, ou seja, o homem que provia as necessidades da moradia, ainda que nem sempre fossem os homens a fazê-lo de forma absoluta. Pela regra, a responsável pelo preenchimento da caderneta e pelas demais informações solicitadas era a "mulher do indicado", cujo nome quase sempre aparece assinalado nas cadernetas. Homens provedores e mulheres administradoras do lar ganhavam, assim, contornos empiricamente verificáveis nas pesquisas de padrão de vida. Nesse sentido, a vida das famílias de trabalhadores paulistanos não diferia muito daquela de outros países ocidentais no mesmo período: analisando as condições de vida da classe trabalhadora inglesa em meados do século XX, Hoggart afirmava:

> a vida da dona de casa torna-se tanto mais difícil, quanto o salário do marido chega, ou pelo menos chegava até muito recentemente, à reta para as despesas indispensáveis; o dinheiro para manter a casa é contado até o último centil. (...) Geralmente é a mãe que governa sozinha o dinheiro da casa (...). A característica principal da posição do pai das classes proletárias na sua própria casa é o fato de ele aí ser considerado o chefe, "na sua casa quem manda é ele".[13]

Na caderneta da PPV que lhe era entregue, a mulher apontaria diariamente os gastos, com a seguinte recomendação inscrita na quarta

---

12 AHMSP/DC/DEDS, PPV Araújo, Caixa 11, doc. 24.

13 HOGGART, Richard. *As utilizações da cultura: aspectos da vida cultural da classe trabalhadora*, v. 1. Lisboa: Editorial Presença, 1973, p. 53, 55 e 66. A primeira edição inglesa da obra é de 1957.

capa: "não deixe para anotar amanhã tudo o que puder escrever hoje". Além de convencer as mulheres a fazerem isso, o (a) pesquisador(a) deveria persuadir o "indicado" ou sua mulher (na maior parte das vezes esta última) a responder um questionário bastante detalhado, centrado nos possíveis itens de despesas da casa. Além dos custos mais vultosos e fixos, como aluguel, água, luz, combustíveis, alimentação, artigos de limpeza e vestuário, a pesquisa também se interessava pelo valor gasto com o pagamento de dívidas e crediários, despesas com instrução, remédios e assistência médica e despesas com criação de animais. Um terceiro bloco de despesas referia-se às atividades feitas fora do lar, expandindo-se para gastos com bonde ou demais meios de transporte, cinema e outras formas de diversão, pagamentos a associações beneficentes ou outras entidades, eventualmente de classe.

Preenchendo diariamente as despesas com cada um desses itens nas cadernetas, as famílias poderiam ser vistas como partícipes da cosmopolitização paulistana no período assinalado, se considerarmos a introdução de temas como diversão e associativismo no cotidiano dos trabalhadores.

Ao mesmo tempo, a permanência do item "despesas com criação" indica que a metrópole estava em pleno processo de formação, havendo nela moradias construídas em terrenos com espaço suficiente para abrigar algumas galinhas e outros animais de pequeno porte. Antes que as geladeiras se popularizassem nas casas brasileiras, era comum a existência de cercados nos quintais para a criação de galinhas e outras aves, e "antes de matá-los, esperava-se uns três dias para que elas eliminassem bicheiras e porcarias que tivessem ingerido".[14] Na experiência infantil deste autor, nascido na São Paulo de meados da década de 1960, existe a recordação dos galinheiros e também das "granjas", nome que dávamos ao comércio de animais vivos que ali eram abatidos e levados para casa a fim de serem depenados ou

---

14 Cf. LIMA. *Tachos e panelas, op. cit.*, p. 138.

despelados e, em seguida, cozidos.[15] Frangos e coelhos eram comprados nessas granjas, sendo lavados e escaldados no tanque do quintal, usado de forma mais contumaz para lavar roupas. A prática deveria ser comum, pois a edição do início da década de 1960 do popular livro de receitas *Dona Benta - Comer Bem* que minha mãe utilizava incluía, nas instruções de preparo de frangos, o ensinamento sobre como retirar as penas da ave...

O questionário da pesquisa de padrão de vida aprofundava informações sobre a família, coletando os nomes, a quantidade, a idade, a cor, as nacionalidades ou naturalidades, o grau de escolaridade, a renda e o número de horas trabalhadas pelos membros da família, interessando-se ainda pelas condições gerais de higiene da habitação.

O item "renda" era decisivo para todo o restante, tanto para as despesas quanto para a definição do perfil da família e sua adequação ao escopo da pesquisa.[16] Deveriam ser anotados os salários dos membros

---

15 Ver também CAVALCANTI e CHAGAS. *História da embalagem no Brasil, op. cit.*, p. 124.

16 A julgar pelas palavras do sociólogo Olavo Viana Costa, as pesquisas feitas mais recentemente (denominadas Pesquisa de Condições de Vida – PCVs) dá um peso menor ao fator "renda" em suas coletas de informações: "Inovadora em vários aspectos, a pesquisa foi a campo pela primeira vez entre junho e agosto de 1990. Adotando perspectiva diversa das investigações tradicionais – centradas em um único indicador, geralmente a renda –, foram coletadas, por meio de questionário especialmente elaborado para essa finalidade, informações sobre habitação, patrimônio familiar, frequência à escola, inserção no mercado de trabalho, rendimentos e utilização de serviços de saúde em uma amostra de aproximadamente 5.500 domicílios na Região Metropolitana de São Paulo". COSTA. "Pesquisa de condições de vida". *São Paulo em Perspectiva*, 17(3-4), jul./dez. 2003. Disponível em <http://www.scielo.br/scielo.php?pid=S0102-88392003000300015-&script=sci_arttext&tlng=>, acessado em abril 2008. O destaque é meu.

da família, dos parentes ou estranhos que vivessem temporariamente na moradia, a renda obtida com pensionistas, os donativos recebidos de parentes ou amigos e as dívidas contraídas. Via de regra, apontava-se nas cadernetas os ordenados dos membros da família. Mas a suposição de que moradores "estranhos" vivendo no domicílio também ajudavam a compor a renda aponta para a persistência do "agregado" ou para a composição da renda mediante aluguel ou sublocação de espaços na casa, que poderia ser uma pensão, um cortiço ou apenas uma casa na qual os proprietários ou inquilinos eventualmente alugavam um ou mais cômodos para ajudar no pagamento das despesas, em situações de desemprego do "chefe da família" ou de necessidade mais premente.

A escolhas das famílias e das moradias pautava-se pela atividade dos "indicados", mas as cadernetas remanescentes também indicam as possibilidades de inserção das mulheres no mundo do trabalho, exercido na casa e fora dela. As profissões desempenhadas por mulheres, esposas ou filhas dos indicados, e mencionadas nas pesquisas foram sistematizadas na tabela abaixo.

TABELA I - OCUPAÇÕES FEMININAS MENCIONADAS NAS PPVs
(1951/1952 e 1963)

OCUPAÇÃO	PPV ARAÚJO	PPV PAGANO
Costureira*	12	2
Lavadeira	10	2
Operária fabril	9	3
Empregada doméstica**	6	4
Bordadeira	5	-
Embrulhar balas	2	-
Ocupações hospitalares***	1	1
Feirante	1	-
Bancária	1	-
Aprendiz de cabeleireiro	1	-
Limpeza por diária	1	-
Escriturária	1	-
Fabricação de brinco em casa	1	-
Zeladora de garagem	1	-
Passadeira	1	-

*Inclui ajudante de costura.
** Inclui serviço de faxina por diária.
*** Serviços em laboratório ou atendimento.

Feita a escolha do público, os pesquisadores dirigiam-se a diferentes distritos da cidade. O maior número de cadernetas que restaram das pesquisas referem-se às PPVs Araújo (1952) e Pagano (1963). Dentre as cadernetas que restaram, porém, nem todas informam os endereços pesquisados. Os dados disponíveis levaram à confecção da tabela a seguir, indicando a concentração das pesquisas em bairros tradicionalmente ocupados por moradias de trabalhadores.

TABELA II - APLICAÇÃO DAS PESQUISAS CONFORME DISTRITOS/BAIRROS

PPV ARAÚJO (1952)		PPV PAGANO (1963)	
DISTRITO/BAIRRO	Nº DE CASOS	DISTRITO/BAIRRO	Nº DE CASOS
Aclimação	1	Aclimação	1
Bela Vista	6	Bela Vista	4
Belém	3	Bom Retiro	3
Bom Retiro	13	Casa Verde	1
Brás	1	Cidade Ademar	1
Cambuci	2	Itaim	1
Glicério	1	Jabaquara	3
Ipiranga	7	Liberdade	1
Liberdade	1	Pinheiros	2
Mooca	3	Santana	1
Pari	8	Saúde	7
Perdizes/Pompeia	4	Tucuruvi	1
Pinheiros	6	Vila Clementino	2
Santana	1	Vila Guilherme	2
Saúde	3		
Vila Clementino	5		
Vila Madalena	6		
Vila Maria	5		
Vila Prudente	3		

Fonte: PPVs Araújo e Pagano.

Um intervalo de onze anos separou a aplicação das PPVs Araújo e Pagano, possibilitando que alguns dentre os pesquisados tenham respondido às duas pesquisas. Do mesmo modo, alguns pesquisadores atuaram em ambas as Pesquisas de Padrão de Vida. São os casos de

Enid G.,[17] Dirce P.[18] e Rosalina M.[19] Além destas três, restaram cadernetas da PPV Araújo (1952) elaboradas a partir da coleta de dados feitas por Maria Antonieta B., Maria Stella, Yolanda H., D. R., Catarina, C. M. e Edwiges H. Da PPV Lowrie (1937), preservaram-se cadernetas de casos coletados por Ruy, Carlos, Mong e Ordália. Há ainda outras oito cadernetas cujos pesquisadores não aparecem identificados – 6 na PPV Araújo e 2 na Lowrie.

Com base nas cadernetas remanescentes, é possível afirmar que não havia uma especialização geográfica dos pesquisadores, talvez para impedir a criação de afinidades surgidas a partir de um contato mais prolongado com as famílias pesquisadas ou com a vizinhança. A ausência de especialização talvez dificultasse ao pesquisador (re)conhecer os hábitos no interior das comunidades que percorria, ainda que se possa imaginar que os ambientes percorridos pelos pesquisadores não apresentassem diferenças abissais em termos de solidariedade cotidiana entre trabalhadores de renda e ocupações semelhantes.

Relativizo, assim, a afirmação de Mayol quanto às possibilidades de aproximar-se de elementos "práticos" para "compreender um pouco melhor essa grande desconhecida que é a vida cotidiana", listando entre esses elementos, a partir de uma etnografia de bairros, a "fixidez do *habitat* dos usuários", o "costume recíproco do fato da vizinhança" e "os

---

17 Como regra geral, optei por não grafar o nome completo, tanto de pesquisadores como de indicados, para preservar suas identidades. Neste caso, o nome completo aparece nas cadernetas e questionários da PPV Pagano, enquanto na PPV Araújo a pesquisadora assinou simplesmente "Enid".

18 Na PPV Pagano, há uma pesquisadora que assina "Dirce T. P.", "Dirce P." ou "Dirce", que acredito tratar-se da mesma "Dirce C." que, onze anos antes, usava o nome de solteira.

19 Também assina "R. M." na PPV Araújo. Nos papéis da PPV Pagano, há uma pesquisadora que assina "Rosalina", "R. Madeira" e "Rosalina M.", que suponho ser a mesma pessoa.

processos de reconhecimento (...) que se estabelecem em um mesmo território urbano".[20] A relativização decorre das evidências de que os bairros paulistanos, nos períodos em que as pesquisas foram aplicadas, apresentavam possibilidades mais intensas de convivência entre pessoas de diferentes origens, ocupações e níveis de renda do que o bairro de Lion, na França, objeto da pesquisa de Mayol, que sugere maior homogeneidade social no que tange a esses indicadores.

A Tabela III permite saber que lugares foram percorridos por cada pesquisador, apresentando numericamente o universo geográfico e temporal que será analisado nos próximos capítulos.

TABELA III - PESQUISADORES DAS PPVs E ÁREA GEOGRÁFICA DE ATUAÇÃO

PPV LOWRIE, 1937

PESQUISADOR	DISTRITO/BAIRRO	Nº DE CASOS
Ruy	n/c	2
Carlos	n/c	2
Mong [?]	n/c	1
Ordália	n/c	2
n/c	n/c	2
TOTAL		9

---

20 MAYOL. "Morar", *op. cit.*, p. 40.

PPV ARAÚJO, 1952

PESQUISADOR	DISTRITO/BAIRRO	Nº DE CASOS
Enid	n/c, Bela Vista, Vila Maria, Santana, Ipiranga e Vila Clementino	6, 3, 5, 1, 1, 4
Maria Antonieta B.	n/c, Saúde, Belém, Bom Retiro, Vila Clementino, Cidade Dutra [?] e Vila Prudente	5, 2, 3, 12, 1, 1, 2
Maria Stella	n/c, Bom Retiro, Glicério	1, 2, 1
Yolanda H.	Cambuci, Liberdade, Pinheiros, Vila Madalena e Perdizes/Pompeia	1, 1, 1, 2, 4
D. R.	n/c, Pinheiros e Bela Vista	5, 4, 1
Catarina	n/c, Bela Vista, Aclimação, Brás, Vila Prudente, Pari e Saúde	8, 2, 1, 1, 1, 2, 1
Dirce C.	n/c, Ipiranga, Cambuci e Vila Madalena	1, 3, 1, 4
C. M.	n/c e Pari	2, 2
Rosalina	n/c, Mooca e Pari	1, 2, 4
Edwiges H.	n/c, Ipiranga e Mooca	3, 3, 1
n/c	n/c	6
TOTAL		118

PPV PAGANO, 1963

PESQUISADOR	DISTRITO/BAIRRO	Nº DE CASOS
Enid G.	Pinheiros, Moema, Aclimação, Vila Clementino e Itaim Bibi	1, 1, 1, 1,1
Rosalina M.	n/c, Casa Verde, Pinheiros, Cidade Ademar, Saúde, Jabaquara e Vila Clementino	5, 1, 11, 1, 4, 3, 1
Dirce P.	Bela Vista, Liberdade, Bom Retiro, Santana, Vila Guilherme e Tucuruvi	4, 1, 2, 2, 2, 1
TOTAL		33

Capítulo 5

"O pesquisador é um amigo que trabalha no seu interesse":[1] colaboração e resistência à aplicação das Pesquisas de Padrão de Vida

---

1 A frase, dentre outras, vinha inscrita na quarta capa das cadernetas das PPVs utilizadas entre 1937 e 1963.

"Nossas populações ainda não são suficientemente esclarecidas, costumam não informar, intencionalmente ou não, com precisão desejável."

GANDRA, Yaro Ribeiro. "Inquérito sobre o estado de nutrição de um grupo da população da cidade de São Paulo". *Arquivos da Faculdade de Higiene e Saúde Pública*, 8(2): 196, 1954, a propósito dos inquéritos alimentares.

A intenção aparentemente nobre de pesquisar o padrão de vida dos trabalhadores para compor uma remuneração condizente com suas necessidades não resultou em salários efetivamente maiores. Essa observação não é apenas a de um historiador situado numa temporalidade posterior e que lhe faculta concluir confortavelmente, a partir de um olhar retrospectivo. Trata-se de uma conclusão retirada dos próprios indícios registrados nas fontes: os informantes – o indicado ou algum membro de sua família – muitas vezes percebiam que as PPVs não se traduziam em melhores salários ou em políticas públicas relacionadas a qualquer um dos itens pesquisados – alimentação, moradia, transporte e lazer, por exemplo. É o que podemos entrever no texto escrito por um dos pesquisadores responsáveis pela

aplicação dos questionários ao receber de volta a caderneta de uma
família moradora do Pari: "A esposa do indicado disse-me que não
tem paciência para estar marcando, que levasse embora a caderneta,
que não interessa fazer estas marcações".[2]

Apesar da resistência que se possa identificar na recusa de certas
mulheres, especialmente daquelas que eram pressionadas por seus maridos, em responder às indagações dos pesquisadores do padrão de vida
das famílias de trabalhadores, o fato é que muitas delas deram informações preciosas, tanto para os objetivos das pesquisas quanto para
o historiador interessado nas práticas construídas no âmbito da casa
e das relações sociais que criavam elos entre os trabalhadores fora do
espaço profissional. Talvez isso se explique pelo desejo dessas mulheres
em falar ou deixar vestígios de suas existências, algo semelhante àquilo
que Luce Giard observou ao escutar o que as mulheres diziam:

> Sua intenção [das conversas] era *apenas escutar mulheres
> falar*: falar daquilo que, comumente, ninguém quer ouvi-
> las falar, ninguém lhes dá atenção. Assim se pode aprender
> delas e só delas como representam seu papel e sua com-
> petência, se elas dão importância ao seu saber-fazer e que
> secreta lealdade elas investem para encontrar uma maneira
> pessoal de cumprir uma tarefa imposta.[3]

Dois dentre os casos com os quais lidei nas pesquisas são exemplares disso. Em um deles, a informante deu uma explicação longa para os
padrões das PPVs, que, iniciando no tema "condição material de vida",
concentrou-se em seguida num desabafo acerca de outra dimensão de
seu sofrimento familiar:

---

2   AHMSP/DC/DEDS, PPV Araújo, caso 618, 12 maio 1952.

3   GIARD. "Cozinhar", *op. cit.*, p. 222.

Às perguntas feitas à esposa do indicado, a mesma respondeu: que não pagam aluguel de casa por morarem em residência de propriedade da sogra do indicado; que, na referida casa a água é de poço e inaproveitável, pelo que usam a água encanada da vizinha, a quem mediante acordo pagam mensalmente Cr$ 5,00 a 10,00; que, o seu filho de 8 anos acha-se doente e em tratamento; que, essa doença foi em consequência de uma intoxicação alcoólica, foi em virtude de seu filho ter ingerido grande quantidade de pinga, quando o mesmo achava-se apreciando um jogo de *footebol* na várzea de Pinheiros; que a esposa do indicado não sabe explicar como os fatos se sucederam, mas por ouvir contar, soube que um menino deu a seu filho um litro de pinga; que, em consequência seu filho foi para o Hospital Municipal em estado de coma, onde ficou internado dois meses; que, pelos fatos narrados acima, o seu filho acha-se mentalmente desequilibrado; que o acontecido com o seu filho ocorreu no dia 24 de dezembro de 1950.[4]

Em outro caso, a pesquisadora deparou-se com a história de uma senhora portuguesa que não sabia qual era o ganho exato de seu marido, especialmente das gorjetas que ganhava, pois ele não aprovava o fato de ela mandar dinheiro para Portugal e escondia o que podia dela. A senhora era recém-chegada de sua terra natal, depois de 23 anos de separação do marido; os filhos continuaram em Portugal – "foram infelizes", anotou Antonieta B. – e o pai tinha certa revolta. A pesquisadora não conseguiu registrar todo o relato, mas suas palavras merecem ser reproduzidas na íntegra por indicarem o papel de confidente, ainda que involuntária, desempenhado pela pesquisadora na coleta dos dados: "Não

---

4   AHMSP/DC/DEDS, PPV Araújo, caso 523, observação anotada pela pesquisadora Dirce C. em 4 fev. 1952.

posso escrever tudo o que ela está dizendo, mas estou escrevendo pois ela faz absoluta questão de que fique narrada a história toda".[5]

Motivadas pelo desejo de deixar registros de sua existência e de suas atividades ou talvez por darem crédito às pesquisas como instrumentos úteis na conquista de melhorias no padrão de vida de suas famílias, muitas mulheres esforçaram-se para preencher corretamente os dados que lhes eram solicitados em relação à sua vida material.

Foi o que aconteceu com uma família que respondeu à primeira pesquisa sistemática, em 1937, colaborando "da melhor maneira, tomando real interesse por esta caderneta e dando com boa vontade todas as informações". Qualificado como "muito inteligente", o indicado era relativamente instruído na educação formal, embora sua escolaridade não conste na ficha, e fez sua mulher cumprir a regra de anotar diariamente as despesas da casa.[6] Aos olhos dos pesquisadores, o interesse pela pesquisa e a regularidade nas anotações eram traduzidos por credibilidade, ao ponto de muitos deles informarem seus supervisores que acreditavam na "verdade" ou na "confiança" dos dados, elogiando quem preenchia as cadernetas com "boas anotações".[7]

"Fui recebida pela senhora do pesquisado muito bem, foi muito pronta em me atender", afirmava uma pesquisadora em 1952. Mas a experiência poderia demonstrar que essa boa recepção, por vezes, reportava-se ao universo das desavenças familiares e às disputas de poder entre maridos e esposas, sendo a pesquisa e os pesquisadores(as) instrumentos nessas disputas:

---

5 AHMSP/DC/DEDS, PPV Araújo, caso 10, jan. 1952.

6 AHMSP/DC/DEDS, PPV Santa Olímpia, caso 468, 1937.

7 Ver, por exemplo, AHMSP/DC/DEDS, PPV Lowrie, caso 603; PPV Lowrie, caso 1680 e PPV Araújo, caso 2.

> "Estávamos conversando ou por outra ela estava dando informações, quando chegou o marido do serviço e perguntou se eu era da Prefeitura, disse-lhe que sim e imediatamente ele disse para a pesquisada, 'não adianta nada isso mulher, larga de dar informação'. A senhora muito delicadamente disfarçou e continuou dando as informações".[8]

Diferentes motivos podem ser pensados para explicar a postura dessa brasileira de 37 anos, costureira, moradora do Brás e mãe de três filhos. Fosse por constrangimento diante da reação grosseira do marido diante de uma pessoa estranha à casa, por acreditar que a pesquisa traria benefícios palpáveis ou por encontrar uma interlocutora que valorizava as funções que ela exercia no lar, a informante não se deixou intimidar pelo marido provedor (e um pouco tosco) e manteve a conversa.

O exercício do poder dos homens sobre as mulheres era uma prática que aparecia frequentemente nos lares pesquisados. No entanto, se o poder masculino se exercia de forma autoritária, não se pode descartar a possibilidade de que se lançasse mão desse argumento para fundamentar a recusa em participar de uma pesquisa cujo efeito palpável não era imediato. Algumas mulheres não queriam ou não tinham tempo para anotar diariamente os gastos familiares, ou efetivamente recusavam-se a fazer isso por temerem contrariar seus maridos. Foi o que afirmou uma brasileira de 46 anos, moradora do Pari e que havia cursado até a 4ª série primária, dizendo que "não tinha marcado nada e que não ia continuar a marcar, porque o marido não queria e que ela obedecia o marido",[9] e uma espanhola de 32 anos, também residente

---

8 AHMSP/DC/DEDS, PPV Araújo, caso 320, fev. 1952.

9 AHMSP/DC/DEDS, PPV Araújo, caso 615, 16 abr. 1952.

no Pari, ao afirmar que "não vai continuar [a preencher a caderneta] porque o marido disse que não interessa fazer isto".[10]

Casais mais afinados também foram encontrados ao longo das pesquisas, ainda que disso não resultassem informações proveitosas. Mesmo um caso considerado "bom" pelo pesquisador, como o de uma família de Vila Clementino, no qual o marido (brasileiro, guarda no Mercado Municipal) e a mulher (brasileira, costureira) estavam em casa e responderam a algumas das questões que lhes foram formuladas, mas contornaram outras: "disseram que não lembram para responder exatamente as perguntas".[11]

As relações familiares de poder não alcançavam apenas os casais. Filhos e pais também tinham suas desavenças expressadas na coleta de dados para as PPVs, com resultados que poderiam desqualificar o registro do caso para os fins da pesquisa. Uma família de lituanos residente no Bom Retiro ou, mais precisamente, o filho mais velho e a mãe dessa família, exemplificam essa situação. Eles recusaram informar o destino dado pelo filho ao salário de cobrador que recebia da CMTC;[12] o homem dizia dar Cr$ 1.000,00 à mãe como ajuda para as despesas da casa e "o que sobra para ele, dispõe como bem entende", não aceitando prestar contas à pesquisadora sobre o restante do dinheiro que recebia.[13]

---

10 AHMSP/DC/DEDS, PPV Araújo, caso 617, 23 abr. 1952.

11 AHMSP/DC/DEDS, PPV Araújo, caso 426, 1952.

12 Sigla que designava a Companhia Municipal de Transportes Coletivos, que operou, concedeu e administrou linhas de bondes e ônibus na capital paulista entre 1946 e 1995.

13 A pesquisadora observou ainda em seu relatório: "Na caderneta está apenas anotado [Cr$] 100,00 que o indicado pediu emprestado, no entanto no dia do pagamento está marcado na caderneta [Cr$] 200,00, dinheiro emprestado. Indaguei a respeito mas o indicado apenas confirmou a dívida

Responder adequadamente às questões não era apenas uma expressão da afinidade ou das relações de poder interfamiliares. A presença do pesquisador-servidor público no ambiente doméstico também poderia se transformar numa oportunidade de ganho para as famílias. Uma delas, que inicialmente mostrava-se relutante, fez o pesquisador "resolver para o indicado o caso de uma portaria de licença que havia quatro meses estava retida", conseguindo, assim, "a confiança e simpatia da família e o preenchimento da caderneta".[14]

Outras formas de resistência podem ser observadas nos vestígios anotados nas cadernetas ou nos relatórios dos pesquisadores do padrão de vida. Uma suposta modéstia, por exemplo, poderia significar o desejo de resguardar certos aspectos da privacidade no preenchimento dos dados. A postura foi registrada pelo pesquisador em relação a uma família de onde se retirou a caderneta em 21 de maio de 1937. "Devido a uma modéstia no indicado, a família não completou os dados na caderneta". A pesquisadora ressalta que a família vinha fazendo os apontamentos num bloco, com a ideia de passar para a caderneta mais tarde, e "não gostava que a pesquisadora examinasse os lançamentos".[15] Resguardo, e não "modéstia", parece ser a verdadeira causa do uso de rascunhos ao invés do lançamento direto e diário dos dados na caderneta.

Resguardo e certa dose de ousadia marcaram a postura de um carroceiro carioca morador em São Paulo. Ele recusou-se a fazer a pesquisa, alegando uma experiência anterior: "Diz ele que anos atrás foi feita uma pesquisa assim e que a pessoa encarregada queria saber quantos

---

e disse que os outros [Cr$] 100,00 não estavam marcados, a esposa não estava a par (não gostou que eu perguntasse)". AHMSP/DC/DEDS, PPV Araújo, caso 30, abr. 1952.

14 AHMSP/DC/DEDS, PPV Lowrie, caso 533, maio 1937.

15 AHMSP/DC/DEDS, PPV Lowrie, caso 1044, abr. 1937.

ovos as galinhas botavam, e dava, assim, muito trabalho. Só faria a pesquisa se seu chefe ordenasse".[16]

Ainda no campo da imagem pessoal ou familiar, havia casos em que alegavam-se problemas objetivos para deixar de fornecer os dados, como fez o Sr. Romão no começo do ano de 1937. Inicialmente dizendo-se doente e, por isso, indisposto para preencher a caderneta, ele foi convencido pelo pesquisador a fazê-lo e, em seguida, "mostrou boa vontade e disse que faria tudo bem certo porque já havia sido guarda-livros em uma fazenda",[17] ressaltando sua escolaridade e experiência profissional para valorizar a si mesmo em uma situação diversa da que vivera no mundo do trabalho. Evidentemente, uma doença inesperada também podia se fazer presente no período de aplicação da pesquisa, dificultando a coleta dos dados.[18]

A imagem que queriam projetar de si no contato com o outro teve um peso no tipo de postura que as mulheres tinham ou de anotações que faziam. Dificuldades com as letras e o conhecimento aritmético poderiam estar presentes em situações como a da esposa do brasileiro Roberto Z., moradora do Belém, que sendo mal alfabetizada, mostrava-se envergonhada quando um estranho como o pesquisador descobria aquilo que ela procurava guardar do próprio marido. Ao ser chamada à atenção pelo pesquisador devido à dificuldade em lembrar os valores

---

16 AHMSP/DC/DEDS, PPV Araújo, caso 231, maio 1952.

17 AHMSP/DC/DEDS, PPV Lowrie, caso 1504, fev. 1937.

18 Como no caso do Sr. Ricardo C., carroceiro, brasileiro de 43 anos e morador de Vila Prudente, que "teve derrame cerebral dia 26, e esses dois dias 27 e 28 não marcaram [ninguém da família] por grandes atrapalhações". AHMSP/DC/DEDS, PPV Araújo, caso 50, ago. 1952. Outra caderneta da mesma pesquisa, caso 1445, de uma família da Mooca, foi devolvida por motivo de doença: "a esposa do indicado já esteve internada no Instituto Paulista e o filho explicou que não é possível fazer a caderneta, pois a mãe é muito nervosa e o filho não quer assumir a responsabilidade de marcar".

das contas já pagas no armazém, a mulher afirmou "que quase sempre depois de pagas as contas o vendeiro arranca as páginas" e ela "ficou meio amedrontada de contar".[19] Mais do que à falta de "lembrança", o descontrole parecia dever-se à falta de domínio sobre as somas e subtrações. A dificuldade em lidar com operações matemáticas simples e a vergonha provocada por isso poderia levar as mulheres a encontrarem formas alternativas de preenchimento das cadernetas, como fez uma diarista negra, brasileira de 28 anos e moradora em Perdizes, que pediu à filha de 10 anos que o fizesse – o que produziu mau resultado, na observação da pesquisadora.[20] Dificuldades com as letras e os números estavam presentes em outros casos, como o de uma família de brasileiros residentes no Cambuci, composta pelo marido (trabalhador da limpeza pública), pela mulher (lavadeira) e por um neto comerciário de 17 anos, cuja caderneta fora marcada por este último. O neto fizera anotações "com muita má vontade", pois "trabalha até tarde e quase não tem tempo de fazer a marcação".[21] Por razões semelhantes, um pesquisador concluiu, em meados de 1937, que uma das famílias informantes produzira uma caderneta pouco fiel, pois a mulher "se esquecia das compras feitas e às vezes não era muito coerente", atribuindo as falhas nas anotações não à má vontade, mas à incapacidade ou à ignorância da mesma.[22]

---

19 AHMSP/DC/DEDS, PPV Araújo, caso 8, nov. 1951. A ficha informa outros dados sobre esta família. O pai, de 58 anos, era um trabalhador da limpeza pública; a mãe, de 54 anos, não trabalhava fora de casa; a filha de 16 anos era tecelã. Havia ainda dois filhos: um de 22 anos, sem emprego; e outro de 13 anos, que cuidava de outras crianças. A mãe declarou que todos sabiam ler e a escolaridade na família não ultrapassara a 4ª série primária – exceto pelo pai, que "não lembra" até que série havia estudado.

20 AHMSP/DC/DEDS, PPV Araújo, caso 132, maio 1952.

21 AHMSP/DC/DEDS, PPV Araújo, caso 100, out. 1951.

22 AHMSP/DC/DEDS, PPV Lowrie, caso 552, maio 1937.

A vergonha poderia dizer respeito tanto a uma característica pessoal (como vimos acima), como ao comportamento ou condição do cônjuge ou de outros membros da família. O alcoolismo real ou pretextado do marido, por exemplo, levou a mulher de Francisco R. a recusar-se a fazer parte da amostragem da pesquisa de padrão de vida de 1952: "A esposa do indicado não deixava entrar na casa [a caderneta] porque o marido estava sempre bêbado. Dizia estar fazendo e agora devolveu sem fazer anotação nenhuma dizendo que não tem tempo".[23] Minha presunção de o alcoolismo ser um pretexto para a devolução da caderneta deve-se à informação de que tanto o marido quanto a mulher não sabiam ler e nem haviam frequentado escola – o que talvez fosse o principal motivo de constrangimento. A escolaridade só existia para as duas filhas do casal: a primeira, de 18 anos, cursava a 4ª série e a segunda, de 11 anos, cursava a 2ª série. O casal tinha também um filho de 5 anos, que ainda não ia à escola.

Ao recusarem-se a preencher as cadernetas, os membros de uma família normalmente apresentavam argumentos classificáveis – tentativas de resguardar a privacidade, vergonha, modéstia, tensões familiares, barganhas para resolver problemas pendentes, como vim assinalando até aqui. Nem sempre, porém, as estratégias de resistência eram explícitas. Havia recusas puras e simples, como a de uma família de espanhóis de onde o pesquisador retirou a caderneta "porque o indicado não quis fazer a marcação".[24] Essa família compunha-se de um homem (coletor de lixo), seu pai (aposentado), dois irmãos (ambos coletores) e um sobrinho (mecânico); muito provavelmente, a ausência de mulheres na casa foi o que motivou a devolução da caderneta, já que nenhum deles devia se responsabilizar pelas compras, pela administração do dinheiro ou por cuidados caseiros como alimentação e limpeza, numa habitação

---

23 AHMSP/DC/DEDS, PPV Araújo, caso 103, nov. 1951.

24 AHMSP/DC/DEDS, PPV Araújo, caso 113, 23 nov. 1951.

cuja condição de higiene foi considerada "regular" pelo pesquisador. Ou, como no caso do brasileiro Manoel P., morador de Vila Maria, de 59 anos e não-alfabetizado: o pesquisador não conseguiu preencher o questionário, "pois a esposa do indicado não concordou nem mostrou boa vontade em dar novamente os dados".[25] A mulher (Maria do Céu, portuguesa, 49 anos e que não trabalhava fora) não sabia ler nem tinha frequentado a escola, o que ajuda a explicar sua má vontade em responder ao questionário e preencher diariamente uma caderneta.

Outras vezes, alegava-se simplesmente falta de tempo por dedicação excessiva ao trabalho, como no caso de uma família de portugueses residente na Vila Madalena: ele, coletor da limpeza pública, "ficou perdido porque [sua] esposa (...) é empregada doméstica, não quer marcar, disse que não tem tempo".[26] Finalmente, outra razão para a resistência ou rejeição à aplicação das pesquisas de padrão de vida pode ser apontada. Trata-se da inclusão de despesas extras, conjugada ou não com a omissão de parte da renda auferida pela família, com o objetivo de aparentar dificuldades financeiras.

Economizar nas compras para conquistar um benefício de saúde era parte do cotidiano dos trabalhadores, especialmente quando o acesso a esses serviços não era universal e público, mas sim pago. A caderneta preenchida pela esposa de Aladino C., de 33 anos, moradores no Bom Retiro e pais de uma criança de sete anos, dá a entender que houve um "esquecimento" na marcação de produtos que não passou despercebido pela pesquisadora, ao comparar as anotações com os dados do questionário oral preliminar. A informante "disse que de fato tem feito muita economia para poder fazer operação de varizes". Os analistas da pesquisa notaram que a omissão nos dados levaria a uma distorção nos resultados da contabilidade da família, pois eles não gastavam tudo ou

---

25 AHMSP/DC/DEDS, PPV Araújo, caso 412, maio 1952.

26 AHMSP/DC/DEDS, PPV Araújo, caso 123, fev. 1952.

quase tudo o que ganhavam na própria subsistência e na manutenção da casa e podiam reservar parte da renda mensal para pagar a cirurgia em questão.[27] Em outras palavras, as pesquisas buscavam um padrão de normalidade traduzido em equilíbrio nas contas domésticas e não casos excepcionais, como uma cirurgia ou gastos tidos como supérfluos. Certamente, a adequação à "normalidade" exigia demais das famílias de trabalhadores.

Uma das exigências da pesquisa era que os preços dos produtos consumidos fossem assinalados diariamente, mas algumas mulheres entendiam que, se conseguissem descontos ou comprassem produtos em promoção, deveriam assinalar o valor cheio. Caso contrário, distorceriam o poder de compra no mês seguinte, quando talvez não obteriam os mesmos descontos. Quando os pesquisadores ou analistas percebiam essa prática e tentavam inibi-la, deparavam-se com reações, como no caso da mulher de Alfredo M., portuguesa de 54 anos, não alfabetizada e moradora do Ipiranga. Ao pedir que examinasse o canhoto de compras para verificar descontos, o pesquisador ouviu a recusa da mulher: "Não quis mostrar, disse que costuma rasgar".[28]

Os analistas eram rigorosos na observação dos balanços elaborados a partir do preenchimento das cadernetas. Havia quem notasse *déficits*

---

27 AHMSP/DC/DEDS, PPV Araújo, caso 28, meados de 1952. O analista observou em seu relatório sobre este caso "Como podemos notar, (...) só poderá haver acréscimo de despesas, salvo haja outras rendas que o indicado não quis que aparecessem, a fim de demonstrar que de fato vive com dificuldades financeiras. Posso julgar de antemão neste exame, depois dos estudos que efetuei, [que] se formos levar avante e buscar melhores dados além destes já conseguidos, teremos que contornar novamente a vida da família, porque daí para diante só apareceria[m] despesas, como é natural com todos os pesquisadores, que daria toda espécie de dificuldade a fim de acrescer-se suas despesas para que as rendas não apareçam".

28 AHMSP/DC/DEDS, PPV Araújo, caso 418, observação de 4 jan. 1952.

nos balanços e externasse "a impressão que houve exagero na marcação. Quer dizer, marcou bastante para dizer que gasta muito",[29] ou constatações de "consumo exageradíssimo", sugerindo "que há lançamentos falsos" na caderneta de uma família de brasileiros, formada por um casal de varredor e lavadeira e quatro filhos entre nove e dois anos de idade.[30]

Suponho que muitas dessas famílias compreendessem exatamente o significado da pesquisa e, assim, quanto mais despesas alegassem ou quanto menor fosse a renda declarada, imaginavam que maior seria o aumento do salário mínimo. Se a estratégia seria exitosa ou não, é um dado do futuro para estes agentes históricos. Mas valia a pena tentar.

---

29 AHMSP/DC/DEDS, PPV Araújo, caso 348, meados de 1952.

30 AHMSP/DC/DEDS, PPV Araújo, caso 352, observação de 28 out. 1954.

Capítulo 6

Notas para uma história social da hierarquia, da tensão familiar e do consumo alimentar entre trabalhadores paulistanos[1]

---

1 Versão modificada deste texto foi publicada na *Revista de História Iberomericana*, 2: 86-103, 2009, com o título "Estou encostada junto com os meus pais porque eu não tenho casa para morar".

"Às vezes nos esquecemos de que os abusos podem permanecer 'desconhecidos' por longo tempo, até serem publicamente revelados, e que as pessoas podem ver a miséria e não percebê-la, até a própria miséria se rebelar."

THOMPSON, Edward P. *A formação da classe operária inglesa, v. II: A maldição de Adão.* Rio de Janeiro: Paz e Terra, 1987, p. 215.

I. O objetivo primeiro das pesquisas de padrão de vida aplicadas no Brasil a partir da década de 1930 era, como o nome indica, coletar informações sobre rendimentos e despesas dos trabalhadores assalariados e, com isso, apontar indicadores para o aumento do salário mínimo, instituído no país na década de 1930, como vimos. Juntamente com a criação do SAPS e seus restaurantes populares, a instituição do salário mínimo era parte da solução estatal para combater a subnutrição, identificada como um dos mais graves problemas brasileiros a partir de meados da década de 1930, durante o governo de Getúlio Vargas (1930-1945). Sabemos que esse salário não cobria todas as despesas familiares dos trabalhadores, e essa é uma constatação antiga, tanto dos próprios assalariados quanto de técnicos do governo. Em 1954, por exemplo, um desses técnicos verificava que a quantia destinada ao consumo de alimentos entre os assalariados decrescia em função do reduzido valor dos salários e do aumento da despesa com a moradia, "incrivelmente sobrecarregada, pelo exagero do valor dos terrenos, das edificações e dos aluguéis".[2]

O andamento das políticas e programas públicos voltados ao combate à subnutrição no Brasil mereceu uma proposta de periodização por Alberto Silva, sendo a fase inicial, a das "primeiras iniciativas", delimitada pelos anos de 1940 e 1972. Nessa fase, após as ações pioneiras do SAPS e da instituição do salário mínimo, destacaram-se a criação do Serviço Técnico de Alimentação Nacional da Coordenação da Mobilização Econômica (1942), da Comissão Nacional de Alimentação (1945), do Instituto de Tecnologia Alimentar (1944) e do Instituto Nacional de Nutrição (1946, hoje incorporados à UFRJ), e do plano Conjuntura Alimentar e Problemas de Nutrição no Brasil (1952).[3]

Para cumprir as exigências da legislação que instituiu o salário mínimo, várias pesquisas de padrão de vida foram aplicadas sistematicamente em São Paulo, entre outras cidades brasileiras, a partir de 1937. Se por parte do Estado o objetivo da aplicação das pesquisas está claramente definido, para o historiador os indícios representados pelas PPVs permitem outras leituras e atribuições de significados. Dados existentes nessas fontes possibilitam adentrar em dimensões das relações familiares às quais dificilmente temos acesso por outras fontes seriais.

II. As estratégias de resistência à aplicação das PPVs paulistanas remetem a uma tradição operária de recusa e de entendimento de pesquisas desse tipo como procrastinação e de seus agentes, neste caso os pesquisadores, como "instrumentos a serviço dos patrões".

---

2 EVANGELISTA. *Alimentação e rendimento do trabalho, op. cit.,* p. 15.

3 Cf. SILVA, Alberto Carvalho da. "De Vargas a Itamar: políticas e programas de alimentação e nutrição". *Estudos Avançados,* 9(23): 87-88, jan./ abr. 1995.

Na Inglaterra da Revolução Industrial, os trabalhadores opunham-se a participar de comissões destinadas a estabelecer os padrões de vida operários e vigiavam os passos dos comissários que iam aos distritos fabris a fim de aplicar as pesquisas.[4] Séculos mais tarde, os inquéritos continuavam a ser feitos entre os ingleses, como os de 1936 e 1939, que serviram como base à ampliação da produção interna de alimentos como uma "frente de batalha na guerra contra os nazistas".[5]

Depois de passarem por treinamento para a tarefa que iriam cumprir e munidos de cadernetas, questionários e formulários, os pesquisadores do padrão de vida em São Paulo entre as décadas de 1930 e 1960 cumpriam os preceitos constitucionais que determinavam a elaboração das pesquisas. Hierarquias, tensões, desejo de manter a privacidade familiar por parte dos pesquisados e juízos de valor emitidos pelos pesquisadores acerca das famílias de trabalhadores também podem ser observados a partir de cadernetas, questionários e relatórios que compõem o acervo documental remanescente dessas pesquisas.

Interessa-me aqui, particularmente, observar as permanências nas estratégias de resistência às pesquisas e na metodologia de aplicação das mesmas pelos representantes do poder público que adentravam as casas dos trabalhadores e travavam contato com a família por cerca de um mês. Ajustei o foco dessa forma para poder lidar com pesquisas de 1937 (Usina Santa Olímpia e Lowrie), 1951/1952 (Araújo) e 1963 (Pagano) sem jogar uma luz mais intensa sobre as radicais

---

4 THOMPSON. *A formação da classe operária inglesa, op. cit.*, p. 209.

5 ORR, John e LUBBOCK, David. *People Nutrition in War Time*. Ruy Coutinho foi o tradutor brasileiro dessa obra (*Alimentação do povo em tempo de guerra*. Rio de Janeiro: CEB, 1944), que analisa os inquéritos ingleses aplicados nos anos imediatamente anteriores à Segunda Guerra Mundial e que teve duas edições, em março e abril de 1940.

transformações urbanísticas, demográficas e sociais, dentre outras, pelas quais a cidade e seus habitantes passaram nesse período.

Sempre que encontravam receptividade em suas visitas ou cadernetas com anotações diárias de consumo, os pesquisadores chamavam a atenção para a boa qualidade dos casos. Algumas vezes, porém, foram além disso: escreveram também o que pensavam acerca das próprias famílias e das casas onde as mesmas viviam. Via de regra, as anotações costumavam ser simples e lacônicas.

Outras vezes, conseguimos saber que tipos de sensações as casas e seus moradores causavam aos pesquisadores. A casa da feirante portuguesa Izabel, de 54 anos, por exemplo, deve ter inspirado sentimentos românticos – e quem sabe uma ponta de inveja – na pesquisadora, que anotou em seu relatório: "Eu achei que a casa onde ela mora tem flores demais",[6] provavelmente trazidas por Sebastião V., seu marido, também português, de 58 anos e que trabalhava como lixeiro.

O romantismo não caracterizava exatamente um consumo desviante, desde que dele não resultasse um desequilíbrio nos gastos da casa. Outro caso desse tipo chamou a atenção da pesquisadora: a dona da casa, responsável pelas anotações diárias dos gastos domésticos nas cadernetas que recebia do(a) pesquisador(a), "disse que a mãe ajuda muito, inclusive a geladeira é a mãe quem paga a prestação, que é de 1.850 [cruzeiros, a moeda corrente de então]". A ajuda materna não seria de todo mal vista pela pesquisadora se o marido, ao invés de prover corretamente seu lar, não gastasse boa parte de seu salário com jornais, café, cigarros e lotação, além de trazer rotineiramente para a esposa "bombons, pó-de-arroz, meias, batom, brinco e muitos presentinhos" cujo valor monetário a presenteada desconhecia.[7]

---

6   AHMSP/DC/DEDS, PPV Araújo, caso 12, out. 1951.

7   AHMSP/DC/DEDS, PPV Araújo, caso 38, set. 1951.

Tudo o que escapava ao pagamento de despesas comuns, como alimentação, aluguel, luz, água ou transporte, era motivo de observação, fazendo crer que uma vida mais confortável não cabia na normalidade do padrão de vida dos trabalhadores pesquisados. Caso exemplar do escape ao padrão considerado normal foi o de uma família não identificada que, ao longo do período da pesquisa, teve gastos com presentes de casamento e primeira comunhão, com a contratação de uma faxineira e um jardineiro, além de fazer viagens a Aparecida do Norte [sic][8] e à Praia Grande,[9] hospedando-se em hotéis. A disparidade, neste caso, devia-se também ao fato de a família possuir geladeira e ferro de passar – algo "não comum", nas palavras da pesquisadora, entre pessoas daquela condição social,[10] constatação ainda mais pertinente quando aplicada à análise dos costumes domésticos de famílias de diferentes classes sociais em São Paulo, desde períodos anteriores ao recorte aqui definido, como notaram historiadores atentos às transformações introduzidas na cidade a partir do provimento de energia elétrica em massa.[11]

As casas e seus equipamentos não passaram incólumes pelo olhar dos pesquisadores, fosse por demonstrarem dificuldades ou facilidades

---

8 Na verdade a cidade de Aparecida, no Vale do Paraíba paulista, a 173 km da capital, que se constitui em um centro de peregrinação popular em devoção a Nossa Senhora Aparecida, a "padroeira do Brasil".

9 Cidade balneária de frequência popular, distante 86 km da capital e situada no litoral sul do Estado de São Paulo.

10 AHMSP/DC/DEDS, PPV Araújo, caso 440, set. 1951.

11 Ver CARVALHO, Vânia Carneiro de. *Gênero e artefato: o sistema doméstico na perspectiva da cultura material (São Paulo, 1870-1920)*. São Paulo: Edusp; Fapesp, 2008; SILVA, João Luiz Máximo da. *Cozinha modelo: o impacto do gás e da eletricidade na casa paulistana (1870-1930)*. São Paulo: Edusp, 2008; FRANCO, Ariovaldo. *De caçador a gourmet: uma historia da gastronomia*. São Paulo: Ed. Senac/SP, 2001.

na manutenção de seus moradores, fosse por considerações de higiene e asseio. Não havia impedimento, para efeito da pesquisa, se uma família vivesse com os pais de um dos cônjuges, desde que os cômodos e as despesas fossem separados. Era o que ocorria com a família de José M. A., que morava com os sogros dele, mas mantinha à parte a cozinha, as compras e as refeições. Não sabemos se o casal tinha filhos, mas a hipótese é de que não, a julgar pelas compras diárias de leite (1/2 litro, adquirido a crédito e pago no final de cada mês). As compras eram feitas em feira livre e numa venda, neste último caso a crédito ou em dinheiro, dependendo do dia do mês e da proximidade em relação ao dia do pagamento. Pelas anotações de consumo alimentar, o casal consumia produtos industrializados limitados àqueles itens que moradores da cidade não teriam acesso *in natura*, entre eles chá, banha, óleo, massa de tomate, café, açúcar, queijo, vinagre, dois litros de cerveja, manteiga, macarrão e farinha de trigo. No mais, esta família consumia arroz, batata, cebola, verduras diversas, 5 kg de carne bovina, 1 kg de bacalhau e 1 kg de outro peixe não especificado.[12]

Outro caso apontava para uma situação de crise financeira, impedindo a manutenção de uma casa separada daquela dos pais de um dos cônjuges. Nem por isso a informante estava livre de despesas com moradia: ela afirmava estar "encostada junto com os meus pais porque eu não tenho casa para morar".[13] A família de marido, mulher

---

12 AHMSP/DC/DEDS, PPV Sta Olímpia, caso 468, maio 1937. Anos depois, o critério de separação das cozinhas caracterizando a divisão entre as famílias e suas despesas permitia a inclusão de habitações coletivas nas pesquisas de padrão de vida. Na pesquisa feita em 1963, uma habitação ocupada por 5 famílias, com 5 cozinhas e 1 tanque, era considerada passível de fornecer informações, sendo cada família e sua cozinha entendida como um caso. PPV Pagano, caso 211, s/d [1963].

13 Observação escrita em 4 de maio de 1952 por uma mulher de 37 anos, moradora do Bom Retiro. AHMSP/DC/DEDS, PPV Araújo, caso 32,

e dois filhos, de onze e oito anos, pagava 1.000 cruzeiros ao pai da mulher, o italiano Belmiro R., por ocupar ali um quarto.[14] O consumo de leite mais elevado nesta família de quatro membros sugere que o caso mencionado anteriormente era mesmo de um casal sem filhos: nesta casa do Bom Retiro, 29 litros de leite eram bebidos todo mês. O marido almoçava no trabalho todos os dias, desonerando a família de uma parte da despesa com alimentação. Os hábitos alimentares desta família de descendentes de italianos incluía inúmeras frutas (mamão, banana, pera, castanhas e laranja), verduras e legumes (erva doce, couve, chuchu, quiabo, brócolis, salsão, rabanete, escarola, jiló, repolho, vagem, berinjela, almeirão, mostarda e nabo) e alguns itens da culinária introduzida por essa comunidade de imigrantes que se tornara a mais numerosa de São Paulo entre os fins do século XIX e as primeiras décadas do século XX – a conserva de peixe conhecida como *aliche* e o salame.[15] De acordo com Rosa Belluzzo, ao mesmo tempo em que aderiram às "práticas alimentares paulistas" – ao consumirem carne de porcos e frangos, por exemplo –, os italianos "cultivaram e disseminaram entre os paulistas o hábito de consumir verduras como escarola, almeirão, chicória, berinjela e pimentão".[16]

Lidando com as fontes que venho mencionando, entre outras, os estudos no âmbito da História Social acerca dos comportamentos, práticas e hábitos alimentares das comunidades de estrangeiros e seus descendentes na cidade poderão ser aprofundados. Por hábito alimen-

---

abr./maio 1952.

14 AHMSP/DC/DEDS, PPV Araújo, caso 32, maio 1951. O valor pago pelo aluguel do quarto na casa do pai significava um aporte de mais de 1/3 à renda do mesmo que, aposentado, recebia 2.600 cruzeiros por mês.

15 AHMSP/DC/DEDS, PPV Araújo, caso 32, maio 1951.

16 BELLUZZO, Rosa. *São Paulo: memória e sabor*. São Paulo: Ed. da Unesp, 2008, p. 61.

tar entende-se "as preferências ou aversões alimentares que fazem parte da cultura de um povo. Normalmente são estabelecidos na infância e se tornam comuns no decorrer da vida", diferentemente do que se entende por gastronomia ou "arte de cozinhar proporcionando prazer. Influi sobre a imaginação e o espírito humano, sendo seus conhecimentos necessários para o convívio social".[17] As noções não são inteiramente excludentes, se buscarmos ouvir outros estudiosos. Talvez seja preciso lidar com uma concepção de gastronomia não apenas como arte de cozinhar e prazer de comer, "mas também a sua relação com os recursos alimentares disponíveis, pois as condições naturais de vida são extremamente variadas: influência da latitude, natureza dos solos, proximidade do mar, clima etc.".[18] De outro lado, se atentarmos para a adaptação gastronômica dos imigrantes estrangeiros aos produtos disponíveis em São Paulo, veremos que ao longo do processo certamente modificaram-se os hábitos e os comportamentos alimentares tanto dos que chegavam quanto dos moradores da cidade que os recebia.[19]

---

17 PHILIPPI, Sonia Tucunduva e COLUCCI, Ana Carolina Almada. "São Paulo". In: FISBERG, Mauro et al. *Um, dois, feijão com arroz: a alimentação no Brasil de norte a sul*. São Paulo: Atheneu, 2002, p. 211.

18 ABREU, Edeli Simioni de et al. "Alimentação mundial: uma reflexão sobre a História". *Saúde e Sociedade*, 10(2), ago./dez. 2001. Disponível em <http://www.scielo.br/scielo.php?script=sci_arttext&pid=S0104-12902001000200002&lng=pt&nrm=iso>, acessado em 22 ago. 2007.

19 As adaptações alimentares das comunidades em deslocamento e dos residentes em São Paulo havia mais tempo são um objeto a ser explorado. Marinna Heck e Rosa Belluzzo colheram depoimentos de imigrantes e seus descendentes e, ao menos em um caso, o assunto veio à tona: no registro da fala da Sra. Marisa, lemos que "em casa só ficou um caderno de receitas que foi da minha avó paterna. Não tem só receitas piemontesas. Esse livro é um misto de receitas italianas e americanas, pois meus avós paternos moraram por algum tempo nos Estados Unidos". *Cozinha dos imigrantes: memórias &*

De todo modo, não se deve perder de vista que o crescimento de São Paulo a partir de fins do século XIX e início do XX, pela presença de imigrantes italianos, ibéricos, asiáticos, indígenas e descendentes de africanos, foi também marcado pela cultura caipira: "portanto, não há dúvida: São Paulo também é interior, também é caipira, mantém hábitos tradicionais; é uma metrópole caipira".[20]

III. Dentre os cômodos de uma moradia de trabalhadores, o que mais interessava aos pesquisadores era a cozinha. Havia casos em que a cozinha estava em construção,[21] o que por vezes ocasionava dificuldade em definir o valor gasto com refeições, como no caso de um homem que "não tem nada em casa, por estar tomando refeições na casa do pai. O indicado está terminando a cozinha, e assim que terminar começa a fazer as refeições em casa". A construção do cômodo era tocada por ele mesmo.[22]

As impressões sobre os lares, incluindo a cozinha e outros cômodos, recaíam sobre o asseio e a antiguidade da construção. O casal formado por um trabalhador da limpeza pública e uma costureira, nascidos no interior de São Paulo, era elogiado por ambos os critérios: "O quarto é limpíssimo – caso raro no meio que estamos pesquisando". A impressão aqui foi excepcionalmente positiva, ao ponto de o pesquisador

---

receitas. São Paulo: DBA/Melhoramentos, 1998, p. 39. Existem alguns estudos, por exemplo, sobre a comunidade japonesa, como o de ISHII. *Hábitos alimentares de segmentos populacionais japoneses, op. cit.*

20 FRANCISCO, Luís Roberto de. "A gente paulista e a vida caipira". In: SETÚBAL, Maria Alice (coord.). *Terra Paulista, v. 2 - Modos de vida dos paulistas: identidades, famílias e espaços domésticos.* São Paulo: IMESP; CENPEC, 2004, p. 44.

21 Como em AHMSP/DC/DEDS, PPV Araújo, caso 610, mar. 1952.

22 AHMSP/DC/DEDS, PPV Araújo, caso 612, mar. 1952.

ter feito um croqui da habitação, assinalando o que considerava mais digno de elogios:

> somente este quarto, banheiro e cozinha são ocupados iso-
> ladamente pelo casal, o tanque é usado pelas duas famílias
> que moram na casa. As condições de higiene são ótimas. A
> construção da casa é nova, portanto tem todas as melhoras
> da construção moderna, o banheiro da casa é completo,
> usado somente pelo casal e muito limpo, aliás, os três cô-
> modos da casa são limpíssimos.[23]

A excepcionalidade do caso acima pode ser afirmada quando comparada às constatações mais frequentes de falta de zelo no ambiente doméstico e de cuidados com seus ocupantes. Dos três casos entre os quais lidei em que as críticas dos pesquisadores em relação às moradias foram mais severas, dois referiam-se a famílias compostas por negros, reforçando os estereótipos de falta de higiene e de pobreza[24] e, ao menos em um caso, vinculando a sujeira ao consumo frequente de álcool.

23 AHMSP/DC/DEDS, PPV Araújo, caso 111, nov. 1951.

24 Esse tipo de observação negativa acerca dos hábitos de higiene e asseio dos trabalhadores brasileiros em São Paulo conta com registros pelo menos desde o final do século XIX. No Relatório da Commissão de Exame e Inspecção das Habitações Operárias e Cortiços no Districto de Sta. Ephigenia de 1893, a falta de asseio era constantemente reiterada, além de serem feitos julgamentos estéticos acerca da decoração interior das habitações, como "as paredes com quadros de mau gosto" ou "os móveis desagradavelmente dispostos". No quesito asseio, o Relatório afirmava que os pisos das moradias jamais eram lavados, "com exceção daquelas habitações ocupadas por famílias alemãs, ou de gente do norte da Europa, onde o asseio é quase sempre irrepreensível". Ver RODRIGUES, Jaime. "Da 'chaga oculta' aos dormitórios suburbanos: notas sobre higiene e habitação

Uma família branca, formada apenas pelo casal nascido no interior do estado e moradora do bairro de Perdizes, foi apontada pelo mau aspecto de sua moradia e causou espécie à pesquisadora, que escreveu em seu relatório:

> A minha impressão sobre a casa do indicado é a pior possível, tem quatro cachorros e três gatos, roupas amontoadas por todo canto e a esposa do indicado eu acho que nunca tomou banho, latarias por todo canto cheias de comida de três a quatro dias, *uma coisa infecta*.[25]

A má impressão sobre a higiene do ambiente doméstico podia dever algo à criação de galinhas no quintal, algo que a caderneta de anotações registra, ainda que a pesquisadora nada tenha observado em seus escritos oficiais. Entre os animais domésticos, contavam-se seis galinhas, que contribuíam cada uma com um ovo diário e a eliminação dos gastos alimentares com esse item. Até meados do século XX e mesmo além, não era incomum esse tipo de criação na cidade: outras casas pesquisadas também contavam com a presença de animais como galinhas e frangos, fonte de ovos ou destinados ao abate periódico para

operária na São Paulo de fins do século XIX". In: CORDEIRO, S. L. (org.). *Os cortiços de Santa Ifigênia: sanitarismo e urbanização em São Paulo (1893)*. São Paulo: Arquivo Público do Estado de São Paulo; Imprensa Oficial do Estado de São Paulo, 2010.

25 AHMSP/DC/DEDS, PPV Araújo, caso 130, maio 1952. Destaque meu. As latarias mencionadas pareciam servir de recipientes para se fazer as refeições. Na opinião da pesquisadora, os sete quilogramas de pão consumidos pelo casal, além de um sobrinho que eventualmente dormia na moradia, representavam um consumo muito parco desse produto, que deveria somar mais sete ou oito quilos.

consumo da carne.[26] Na metrópole caipira paulistana, também não era incomum a reserva de parte dos terrenos para o plantio de verduras e tubérculos destinados ao consumo familiar.[27]

IV. Uma família da Aclimação, na qual eram "todos pretos", foi pesquisada na PPV Pagano, em 1963. A composição dessa família era bastante diferente da que comumente encontrava-se nas pesquisas, em geral um casal com filhos, mas adequava-se à definição estabelecida desde 1952 para a PPV Araújo, na medida em que esses indivíduos moravam juntos e contribuíam para a manutenção do grupo.[28] No caso, tratava-se do ajudante de motorista Hélio, mineiro de 29 anos, que havia cursado três anos de escola formal; sua mulher, empregada doméstica, campineira de 27 anos e não alfabetizada; um casal de filhos nascidos em São Paulo, de 4 e 3 anos; a sogra e duas cunhadas do marido – mineiras de 72, 42 e 32 anos, respectivamente, todas não alfabetizadas, sendo a última empregada doméstica –; três sobrinhos e uma sobrinha, todos nascidos em São Paulo, com doze, onze, sete e

---

26 AHMSP/DC/DEDS, PPV Araújo, caso 12, out. 1951; PPV Araújo, caso 507, set./out. 1951.

27 Como no caso da família de três membros de Bento M, do bairro do Belém, que tinha uma pequena produção de "couve, almeirão, cheiro verde, xuxu (sic), e é só para o gasto, não vendem e geralmente todos os vizinhos da redondeza também plantam para o consumo". AHMSP/DC/DEDS, PPV Araújo, caso 39, maio/jun. 1952. A família de seis membros de Wolney N. não plantava no próprio terreno, mas sim em outro pelo qual não pagava aluguel, no qual "tem regular plantação de mandioca, abóbora, milho, chuchu, batata doce. Disse-me então que ele costuma vender, mas que não dá grande lucro, indaguei e ele disse que mais ou menos ele tira uns 300 cruzeiros entre tudo, mas é mentira, pois a plantação dá para mais lucro". AHMSP/DC/DEDS, PPV Araújo, caso 426, s/d [1952].

28 Ver Capítulo 4, nota 12.

sete anos, respectivamente, sendo que apenas o primeiro era alfabetizado e trabalhava fora de casa, em um escritório. Sobre os pais dos sobrinhos, nenhuma palavra foi dita. Na casa em que viviam, feita de tábuas e onde não havia chuveiro nem pia, a condição de higiene foi definida como "péssima". Aliás, a família só tinha um teto porque o patrão da esposa de Hélio cedera o imóvel para que seus parentes pudessem morar ali, fornecendo ainda energia elétrica e água encanada gratuitamente. De todos, apenas o único homem adulto da casa parecia não passar fome cronicamente, já que fazia refeições em seu trabalho, na prefeitura, durante 26 dias do mês, indicando que em sua semana de trabalho cabia apenas uma folga. Quanto aos demais, sofriam as consequências de uma despensa quase sempre vazia: ao longo de vários dias do mês de agosto de 1963, quando a pesquisa foi aplicada na casa, não se fez nenhuma marcação de despesa na caderneta de consumo alimentar. O motivo foi assinalado pela pesquisadora: "sem dinheiro". Quando tinham algum, compravam principalmente arroz, feijão, pão, açúcar, doces e algumas garrafas de Coca Cola.[29]

Anos antes, outra pesquisadora, aplicando o questionário em Vila Prudente, referiu-se aos problemas enfrentados por uma família na qual apenas à mulher foi atribuída a cor branca. O casal nascera em Minas Gerais e tinha três filhos "pretos", nascidos em São Paulo. A mulher não tinha ideia de quanto seu marido ganhava, pois "ele não diz e não admite que ela pergunte". A pesquisadora disse ter notado certo receio na informante e foi indagar aos vizinhos, descobrindo que ele "bebe e maltrata às vezes a mulher".[30] Chamo a atenção para o fato de a informação sobre bebedeira e maus tratos pelo marido ter sido prestada por vizinhos, para fazer um esforço de compreensão acerca do significado da vizinhança e das relações travadas no espaço dos bairros

---

29 AHMSP/DC/DEDS, PPV Pagano, caso 302, ago./set. 1963.

30 AHMSP/DC/DEDS, PPV Araújo, caso 49, ago. 1952.

onde se reside, amplificando as tensões e reforçando ou esgarçando as hierarquias familiares entre os trabalhadores.

De início, observo ser a informação estranha ao escopo da pesquisa de padrão de vida, que não buscava saber como se davam as relações afetivas entre casais. A curiosidade da pesquisadora pautou sua atuação, e o recurso aos vizinhos, que era um procedimento incomum mas não ausente no universo das PPVs paulistanas, permite refletir sobre o que afirmou Pierre Mayol acerca do significado da *conveniência*:

> A tagarelice e a curiosidade são as pulsões interiores absolutamente fundamentais na prática cotidiana do bairro: de uma parte, alimentam a motivação das relações de vizinhança e, da outra, tentam abolir sem cessar a estranheza contida no bairro.[31]

Estranheza, neste caso, parece ser a palavra-chave. Embora o objeto do estranhamento normalmente fosse corriqueiro, como a profissão ou a origem dos novos ocupantes de uma moradia nas redondezas, neste caso voltava-se para moradores antigos, negros e que viviam num armazém, "isto é, o indicado, a companheira e três crianças dormem e cozinham no mesmo lugar", cujo aspecto foi descrito como "o pior possível em todas as condições de higiene, e nota-se que passam muito mal".[32]

A *conveniência*, nos termos de Mayol,

> representa, no nível do comportamento, um compromisso pelo qual cada pessoa, renunciando à anarquia das pulsões individuais, contribui com sua cota para a vida coletiva,

---

31 MAYOL. "Morar", *op. cit.*, p. 51.
32 AHMSP/DC/DEDS, PPV Araújo, caso 49, ago. 1952.

com o fito de retirar daí benefícios simbólicos necessariamente protelados. Por esse "preço a pagar" (saber "comportar-se", ser "conveniente"), o usuário se torna parceiro de um contrato social que ele se obriga a respeitar para que seja possível a vida cotidiana.[33]

O vizinho negro, de idade não revelada, que trabalhava em uma equipe de irrigação, não se comportava de forma conveniente diante dos vizinhos. Suas bebedeiras, os maus tratos a que ele submetia sua jovem e branca mulher de 23 anos e as péssimas condições de moradia de sua família – composta ainda por três crianças, de doze, oito anos e seis meses de idade – chamavam a atenção dos moradores do bairro. Esse homem não parecia disposto a comportar-se de acordo com o que esperavam seus vizinhos vigilantes, não participando do assim chamado "processo geral de reconhecimento" que envolve a concessão de uma parte de si mesmo à jurisdição do outro na vida em um bairro ou comunidade. Ao sondar os vizinhos sobre as ocorrências naquela família, a pesquisadora acabou por registrar o resultado desse tipo de comportamento em meio a uma comunidade mais ou menos homogênea: o "jogo da exclusão social dos 'excêntricos', as pessoas que 'não são/não fazem como todos nós'".[34]

Os bairros e a vizinhança seriam os lugares do comportamento conveniente por excelência, em função da proximidade e da repetição de certas relações comunitárias com vizinhos e comerciantes, por exemplo. Esse comportamento não deve ser visto apenas como uma forma de se mostrar em público, sob o risco de não compreendermos as redes de relacionamentos construídas pelos trabalhadores. Tais redes incluíam não só observações mais ácidas sobre formas de se comportar

33 MAYOL. "Morar", *op. cit.*, p. 39.

34 *Idem, Ibidem*, p. 47.

– os casos de denúncias de alcoolismo ou maus tratos às mulheres são exemplares nesse sentido –, mas também significavam "uma fonte de assistência e ajuda mútua, solidariedade coletiva e cultura comum"[35] – exemplificados por casos de crianças de famílias em dificuldades que eventualmente almoçavam na casa de algum vizinho. Tudo isso não impedia a convicção de que os acontecimentos do interior da casa mereciam certo resguardo em relação aos vizinhos: eles podem ser

> "da nossa laia" e estão prontos a ajudar-nos em caso de necessidade, mas é sabido que são também bisbilhoteiros, e talvez mal intencionados (...); a bisbilhotice pode nem sempre ser mal intencionada, mas é por vezes inconscientemente brutal.[36]

No mais, não posso deixar de remeter o leitor à (escassa) bibliografia que se debruçou sobre a presença negra na população paulistana durante o período que coincide com o das PPVs aqui estudadas. Neste caso, a ideia de que vizinhos estivessem vigilantes com relação a comportamentos tidos como desviantes não se prende estritamente à dimensão da conveniência, cujas regras foram ressaltadas acima. Parece-me, sobretudo, que a vigilância era tributária daquilo que Roger Bastide designou "manifestações larvais" do preconceito de cor em uma sociedade que vivia sob o signo da industrialização, da urbanização, do afluxo de imigrantes e do aparecimento de classes sociais bem

---

35 FONTES, Paulo. *Um Nordeste em São Paulo: trabalhadores migrantes em São Miguel Paulista (1945-1966)*. Rio de Janeiro: Ed. da FGV, 2008, p. 22.

36 HOGGART. *As utilizações da cultura, op. cit.*, p. 43. Sobre os temas das bisbilhotices comuns em bairros ingleses de meados do século XX, ver p. 73-74.

Alimentação, vida material e privacidade

estratificadas.[37] Em meio a esse quadro, a presença de negros pobres disputando com brancos também pobres a ocupação e o uso do espaço urbano, ainda que todos enfrentassem dificuldades materiais, era vista com estranheza mesmo por pessoas que, a rigor, compartilhavam com eles a mesma condição de vida nos parâmetros da estratificação social daqueles anos na cidade. Em função de casos como esse, é difícil negar que a cor não tenha qualquer significado no agravamento da pobreza ou na redução das possibilidades de ascensão social, mesmo entre os moradores pobres e em uma cidade cuja área urbanizada e cujo mercado de trabalho estavam em franca expansão, como a São Paulo da primeira metade do século XX. Por outro viés, que aborda as possibilidades abertas pelo desenvolvimento econômico à ascensão social nesse período, George Andrews buscou elementos que permitissem afirmar a participação de negros na classe média paulistana da segunda metade do século XX, ainda que enfrentando preconceitos de toda sorte.[38]

Viver em ambientes pouco higiênicos certamente não era um atributo exclusivo da população negra e pobre da cidade, e pelas fontes é impossível afirmar que toda ela vivia assim. O imenso contingente de imigrantes brancos e pobres que a capital paulista recebera até a década de 1920 encontrara condições de habitação semelhante. Isso não passou despercebido aos relatos ficcionais ambientados na cosmopolita São Paulo do século XX. A urbe, suas habitações e espaços de circulação, onde se moviam as personagens em trânsito por diferentes continentes,

37 BASTIDE, Roger. "Manifestações do preconceito de cor". In: BASTIDE, Roger e FERNANDES, Florestan. *Brancos e negros em São Paulo*. 3ª ed., São Paulo: Cia. Ed. Nacional, 1971, p. 147-188. A obra foi editada pela primeira vez em 1955, com o título *Relações raciais entre negros e brancos em São Paulo: ensaio sociológico sobre as origens, as manifestações e os efeitos do preconceito de cor no município de São Paulo.*

38 ANDREWS, George Reid. *Blacks & Whites in São Paulo, Brazil (1888-1988)*. Madison: University of Wisconsin Press, 1991, em especial o cap. 6.

foram descritos com tintas semelhantes aos relatos dos pesquisadores do padrão de vida que averiguavam a situação dos trabalhadores, fossem eles imigrantes ou seus descendentes:

> nesta cidade a mulher que faz compras no Mercado é imigrante, arifa ou operária, os imigrantes nunca passeiam, moças feitas de trabalho, vidas diluídas, fumaças de chaminé fufu feitas de perdas e adeuses, moram nas partes escuras da cidade, nas casas molhadas, entre os ratos e morcegos, entre os caixotes vazios e as sacas nos depósitos, nos armazéns, detrás dos balcões.[39]

V. Os vizinhos-informantes retornaram outras vezes aos registros das PPVs em São Paulo, principalmente quando se tratava de delações do mau comportamento de um morador do bairro – uma curiosidade manifestada repetidas vezes pelos pesquisadores. Do português naturalizado brasileiro Joaquim C., morador do Bom Retiro (encarregado da Repartição de Águas, 53 anos, não alfabetizado), a pesquisadora soube que "às vezes bebe demais".[40] A generalidade do verbo indica uma conversa com pessoas que não eram da família, pois também era comum as mulheres queixarem-se das bebedeiras dos homens da casa, mas nesses casos a fonte era explicitada.[41] Aqui, inversamente, a informação parece ter vindo de vizinhos.

---

39 MIRANDA, Ana. *Amrik*. São Paulo: Companhia das Letras, 1997, p. 186.

40 AHMSP/DC/DEDS, PPV Araújo, caso 10, dez. 1951 a jan. 1952.

41 Ver, por exemplo, AHMSP/DC/DEDS, PPV Araújo, caso 103, 21 nov. 1951. "A esposa do indicado não deixava entrar na casa [a caderneta] porque o marido estava sempre bêbado. Dizia estar fazendo e agora devolveu sem fazer anotação nenhuma dizendo que não tem tempo"; ou PPV Araújo, caso 128, abr./maio 1952, em que a enteada foi quem mencionou

Além da bebedeira, ou quem sabe relacionado a ela, os vizinhos também apontavam quem não trabalhava, ainda que a delação não significasse uma simples ausência de solidariedade no âmbito da rede de relacionamentos. O caso de Caetano R. (ferreiro de 33 anos, escolarizado até a 3ª série) e sua família (esposa de 31 anos e quatro filhos entre dois e catorze anos, estando matriculados aqueles em idade escolar) expressa o que venho afirmando. Como na maior parte dos dias da pesquisa o marido estava em casa, dormindo, sua mulher não quis dar esclarecimentos por ter receio dele. A pesquisadora anotou ter sabido em casa de um outro pesquisado (ou seja, um vizinho) que Caetano não aparecia no trabalho havia meses. Ele apenas o fazia quando estava para completar trinta faltas seguidas, o que motivaria demissão justificada por abandono do emprego. Às vezes, os vizinhos chamavam um dos filhos para almoçar, pois a família enfrentava dificuldades visíveis pelos aluguéis atrasados havia quatro meses e pelas crianças mal alimentadas e sempre adoentadas. De fato, as anotações de gastos com alimentação nesta família numerosa indicam pequenas quantidades de insumos básicos, como 25 kg de pão, 8 kg de arroz, 5 kg de feijão e proteínas animais limitadas a 1 kg de carne bovina em um mês. O açougueiro recusava-se a vender carne fiado a esta família, "que vive em completa penúria".[42] Evidentemente, a dificuldade em conseguir fiado relacionava-se à impossibilidade de acertar as contas de tempos em tempos, pois numerosos outros casos indicam a frequência com que as compras de alimentos pelos trabalhadores paulistanos eram feitas a crédito junto a armazéns, mercearias, vendas e fornecedores ambulantes domésticos. Assim, os comerciantes tinham conhecimento dos

---

o assunto, dizendo que o padrasto bebia demais e por isso vivia doente – além de não contribuir com as despesas da casa da forma como deveria.

42 AHMSP/DC/DEDS, PPV Araújo, caso 27, mar./abr. 1952.

hábitos de consumo de seus clientes[43] e também exerciam certo poder sobre eles.

O baixo consumo de carne bovina, ovos e laticínios, principais fontes de proteína, era uma tendência histórica entre os trabalhadores em São Paulo, apontada por autores como Francisco P. do Amaral, que fez realizar diferentes inquéritos alimentares entre as décadas de 1940 e 1960. A causa era "o preço elevado por que são vendidos" e, na comparação da cidade com outros lugares do mundo, os paulistanos situavam-se nas últimas posições. Ainda assim, ele afirmava que em São Paulo comia-se melhor do que na Itália e em todas as outras partes do Brasil.[44]

Os vizinhos não eram os únicos a apontarem regras de conveniência. Os próprios pesquisadores, depois de acumularem experiência no contato com famílias de trabalhadores em vários bairros paulistanos, por vezes se referiam a comportamentos diferentes da normalidade que esperavam encontrar, transformando confidências em denúncias morais ao registrarem certos tipos de informações em seus relatórios. Nesse sentido, as fontes com as quais estou lidando não diferem de outros inquéritos sobre as condições de vida dos trabalhadores, como os que foram levados a cabo na França da segunda metade do século XIX. Anne Lhuissier estudou as enquetes alimentares promovidas pelo parlamento francês oitocentista em meio aos operários, particularmente aquelas conduzidas pelo economista Frédéric Le Play (1806-1882). A autora apontou os princípios e as inclinações moralistas contidas nesses documentos, de caráter reformista e conservador – o que, todavia, não impede sua interpretação, desde que se adote uma abordagem crítica sobre as fontes.[45]

---

43 VOLPI. *A história do consumo no Brasil, op. cit.*, p. 80.

44 AMARAL. *O problema da alimentação, op. cit.*, p. 184-188.

45 Cf. LHUISSIER, Anne. *Alimentation populaire et réforme sociale: les consommations ouvrières dans le second XIXe siècle.* Paris: Maison des Sciences de

Podemos entrever procedimentos conservadores e moralizantes por parte dos pesquisadores em São Paulo em casos como o de Joaquim M., vigia de 66 anos, e sua esposa, de 65 anos, moradores de Vila Clementino, ambos paulistas, que davam teto e sustento a um filho de trinta anos que, apesar de ter a profissão de jardineiro, não trabalha porque "bebe muito e nunca se encontra no estado normal. Vive às custas dos pais".[46] Já um casal espanhol, um coletor de lixo de 56 anos e sua esposa da mesma idade, pais de três filhos, tinha expostos seus infortúnios e a maneira de lidar com eles, ainda que nada disso interessasse, a rigor, ao objetivo da pesquisa de padrão de vida. O filho mais velho, de 34 anos, "está internado em Franco da Rocha".[47] O filho de 18 anos "sofre das faculdades mentais, porém para a família é meio abobado". Sobre a sanidade do caçula, de 16 anos, nada foi dito – talvez porque os demais filhos portavam histórias suficientemente traumáticas ou porque, afinal, o rapaz era o único da família que havia conquistado algum grau de escolaridade, tendo cursado até a terceira série primária. A higiene da casa onde viviam, em Perdizes, era "péssima", na avaliação da pesquisadora.[48]

A hierarquia construída entre maridos e mulheres tinha indicadores fortemente ligados à condição de provedor do lar. Na década de

---

l'Homme/Quae, 2007, p. 14 e ss.

46 AHMSP/DC/DEDS, PPV Araújo, caso 425, 15 jul. 1953.

47 Atual município da Região Metropolitana de São Paulo, autônomo desde 1944, onde em 1895 começou a ser construído o Hospital Psiquiátrico do Juqueri, dirigido por Francisco Franco da Rocha, e desativado como asilo na década de 1980. No vocabulário de boa parte dos paulistas, Juqueri e Franco da Rocha são sinônimos de lugar para a internação de loucos. Sobre essa instituição, ver CUNHA, Maria Clementina Pereira. *O espelho do mundo: Juquery, a história de um hospício*. Rio de Janeiro: Paz e Terra, 1986.

48 AHMSP/DC/DEDS, PPV Araújo, caso 131, abr./maio 1952.

1950, entendida como período de ascensão da classe média, industrialização e forte crescimento urbano, essa hierarquia não parece ter sofrido transformações substanciais, assim como não se alteraram as distinções entre os papéis femininos e masculinos, tanto entre trabalhadores como no interior da ascendente classe média. Todavia, não se deve esquecer que a presença feminina no mercado de trabalho assalariado industrial, comercial ou doméstico não é uma novidade desse período; solteiras ou casadas, mulheres trabalhadoras já existiam desde muito antes dos otimistas anos 1950.[49]

Em casas nas quais o marido era o único trabalhador ou sua renda contribuía para o pagamento da maior parte das despesas da casa, a condição feminina, alegada ou real, era de inferioridade nos apontamentos dos pesquisadores. Algumas famílias, como a do coletor de lixo de 29 anos José R., composta por ele, a esposa de 22 anos e uma filha de dois anos, todos brasileiros e brancos, tiveram suas cadernetas invalidadas "pois há muitas despesas sem discriminar, como os gastos do marido que estão muito exagerados", algo que escapava ao controle da mulher.[50]

Além de comumente as mulheres não administrarem todo o dinheiro proveniente do salário dos maridos, algumas também não se encarregavam das compras de alimentos, despesa que representava cerca da metade dos gastos nas casas pesquisadas no período aqui assinalado. Foi o que ocorreu no caso de Roberto Z. – 58 anos, funcionário

---

49 BASSANEZI, Carla. "Mulheres dos anos dourados". In: PRIORE, Mary del (org.). *História das mulheres no Brasil.* 7ª ed., São Paulo: Contexto; Ed. da Unesp, 2004, p. 608. Ao indicar o crescimento da participação das mulheres no mercado de trabalho na década de 1950, Bassanezi notou que "eram nítidos os preconceitos que cercavam o trabalho feminino nessa época. Como as mulheres ainda eram vistas prioritariamente como donas de casa e mães, a ideia da incompatibilidade entre casamento e vida profissional tinha grande força no imaginário social" (p. 624).

50 AHMSP/DC/DEDS, PPV Araújo, caso 716, maio/jun. 1952.

da limpeza pública, "não lembra" a escolaridade – e sua esposa, que "disse não estar a par dos preços, pois quem faz as compras no armazém com a caderneta é o marido".[51] Algo semelhante se deu no caso de um cocheiro de 38 anos e alfabetizado, sua esposa de 39 anos e não alfabetizada e quatro filhos entre onze meses e cinco anos de idade. A mulher, não nomeada, não soube informar à pesquisadora acerca das dívidas e do valor das compras. A pesquisadora teve de fazer nova visita para que o marido desse tais informações, visto que esse controle era feito por ele.[52] Quanto ao caso de Luiz T. – negro como todos de sua família, 54 anos, varredor, escolarizado até a 2ª série primária –, o orçamento doméstico apresentava saldo de 8%, o que foi explicado pelo fato de que "o dinheiro fica com o indicado. É provável que ele faça despesas fora de casa, não sendo possível saber o quanto sobrou no final (...). O indicado paga tudo, mas não dá dinheiro para a esposa".[53] Em todos esses casos, as mulheres não tinham ocupação fora de casa; portanto, não dispunham de renda além daquela do marido.

Algumas vezes, além da rejeição à pesquisa e das denúncias por comportamentos inconvenientes de certos moradores por parte de seus vizinhos, a pesquisadora presenciava situações familiares constrangedoras. Antonieta B., por exemplo, intuiu que nada conseguiria saber da família do mineiro Benedito C. S., morador do Bom Retiro, de 36 anos de idade, quando a mulher deste, costureira de 30 anos, afirmou:

> ele não dá satisfações e não admite que a esposa pergunte nada (...) e no dia de hoje, 5 de fevereiro de 1952, o

---

51 AHMSP/DC/DEDS, PPV Araújo, caso 8, out./nov. 1951

52 AHMSP/DC/DEDS, PPV Araújo, caso 419, s/d [1952].

53 AHMSP/DC/DEDS, PPV Araújo, caso 720, s/d [1952]. Consta comparação deste caso com a PPV Lowrie, ou seja, a família preenchera cadernetas em 1937 e em 1952.

indicado está com tudo arrumado para ir embora de casa (...). Soube pela esposa que o marido falta muito ao serviço e também ele não diz o quanto ganha e nem o que gasta na rua; o quando ele dá à família é muito incerto, depende da vontade dele, também a respeito das gorjetas nunca está ao par, nunca ele diz o que ganha.[54]

O abandono do lar, registrado em alguns relatórios, não era exclusividade dos homens. Em ao menos um caso de devolução da caderneta incompleta, o motivo estava na partida da mulher, situação transtornante para o marido, que "mostrava-se desorientado, sem saber o que ia fazer".[55]

VI. Temas como hierarquia e tensões familiares, relações de gênero, consumo alimentar e sociabilidade são clássicos na História Social do trabalho. A abordagem que pretendi dar aqui, todavia, não se prende especificamente a um outro tema imbricado a esses e que com eles mantêm permanente interação: a consciência de classe dos trabalhadores.

De todo modo, essa consciência não se exterioriza apenas na forma pela qual os trabalhadores urbanos confrontam seus oponentes de classe. O comportamento doméstico dos trabalhadores e a vida no âmbito familiar e comunitário, com tudo o que o termo "comunidade" comporta de ambiguidade,[56] de alguma forma expressam a consciência

54 AHMSP/DC/DEDS, PPV Araújo, caso 14, dez. 1951 a jan. 1952. Gorjetas, com valores variáveis e que os homens normalmente preferiam não declarar, como adicionais aos rendimentos dos trabalhadores apareceram especialmente entre coletores de lixo, especialmente na época natalina, como ocorreu na coleta de dados desta caderneta.

55 AHMSP/DC/DEDS, PPV Pagano, caso 112, set. 1963.

56 Problemas no uso indiscriminado do conceito de comunidade pelos historiadores foram sistematizados por Fontes, entre eles a crença na existência da solidariedade como "consequência 'natural' da vida comunitária", a

historicamente construída nos embates travados no mundo do trabalho. Trabalhadores conscientes não mantêm, obrigatoriamente, relações publicamente afetuosas com suas parceiras e filhos ou adotam um comportamento conveniente diante de vizinhos no bairro onde vivem. É preciso considerar que os padrões de afeto e de conveniência também são historicamente construídos. Com isso, quero dizer que esses padrões não repetem em comunidades heterogêneas como os bairros populares de São Paulo de meados do século XX as mesmas expressões identificadas por pesquisadores de cidades europeias de porte médio no mesmo período.

Imigrantes europeus, migrantes de outras partes do Brasil ou do interior de São Paulo, brancos e negros e seus descendentes cruzaram-se na vida cotidiana paulistana, construindo novas famílias intra ou interétnicas, mantendo ou dando novas fisionomias às tradições carregadas de vivências anteriores em suas regiões de origem ou nas experiências de trabalho rurais, urbanas e domésticas, agora no ambiente de uma cidade em profunda e rápida transformação.

Os hábitos e comportamentos alimentares, mantidos ou rearranjados a partir das possibilidades do abastecimento na época, são bons indicadores disso, e seu estudo merece aprofundamento. Do mesmo modo, as hierarquias e tensões familiares também podem ter sofrido transformações ou mantido padrões construídos no cotidiano de trabalho, luta política, tradições familiares, religiosas, regionais e nacionais. A homogeneidade da classe trabalhadora, perseguida como objeto por muito tempo, divide lugar, hoje, com o estudo das diferenças – o que não contradiz o processo de formação dessa mesma classe.

---

romantização da vida comunitária "onde a classe aparece mais homogênea do que na realidade ela é" e a negligência da "longa tradição de controvérsia e debate em torno dessa noção, especialmente na teoria sociológica". Cf. *Um Nordeste em São Paulo, op. cit.*, p. 23-24.

Fontes e Bibliografia

Fontes manuscritas

Arquivo Histórico Municipal de São Paulo, Fundo Prefeitura Municipal, Grupo Departamento de Cultura, Subgrupo Divisão de Estatística e Documentação Social (AHMSP/DC/DEDS)

PPV Araújo, Caixa 11: Material de campo e análise.

PPV Araújo, Caixa 30: Material de campo e análise.

PPV Lowrie, Caixa 2(39), Maço 8: "Plano de uma pesquisa mestre da comunidade".

PPV Lowrie, Caixa 2(39), Maço 10: Modelos de questionários de uma pesquisa aplicada nos Estados Unidos.

PPV Lowrie, Caixa 2(39), Maço 11: Instruções para o preenchimento dos campos do questionário.

PPV Lowrie, Caixa 6(68), Maço 22: "Instruções gerais: códigos para organização das fichas-resumo".

PPV Lowrie, Caixa 5: Questionário impresso.

PPV Lowrie, Caixa 6: "Caderno de instruções gerais e codificação para análise dos dados", doc. 28.

PPV Lowrie, Caixa 6: "Codificação das importâncias anotadas na caderneta", docs. 29 a 34 e 37 a 41.

PPV Lowrie, Caixa 6: Relações de numeração e nomenclatura de quadros de análise de dados", docs. 42-43.

PPV Lowrie, Caixa 6: Tabelas de controle dos casos analisados, doc. 44.

PPV Pagano, Caixa 34, Maço 1: Plano Geral da PPV a ser realizada (ofício de 18 out. 1962), doc. 1.

PPV Pagano, Caixa 34, Maço 1: Plano Geral da PPV (ofício de 19 nov. 1962), doc. 2.

PPV Pagano, Caixa 34, Maço 1: Plano Geral s/d, doc. 3.

PPV Pagano, Caixa 34, Maço 1: "PPV (Operários – higiene), 1951. Instruções para os pesquisadores", doc. 18.

PPV Araújo, caso 2.

PPV Araújo, caso 8.

PPV Araújo, caso 10.

PPV Araújo, caso 12.

PPV Araújo, caso 14.

PPV Araújo, caso 27.

PPV Araújo, caso 28.

PPV Araújo, caso 30.

PPV Araújo, caso 32.

PPV Araújo, caso 38.

PPV Araújo, caso 39.

PPV Araújo, caso 49.

PPV Araújo, caso 50.

PPV Araújo, caso 100.

PPV Araújo, caso 103.

PPV Araújo, caso 111.

PPV Araújo, caso 113.

PPV Araújo, caso 123.

PPV Araújo, caso 128.

PPV Araújo, caso 130.

PPV Araújo, caso 131.

PPV Araújo, caso 132.

PPV Araújo, caso 231.
PPV Araújo, caso 320.
PPV Araújo, caso 348.
PPV Araújo, caso 352.
PPV Araújo, caso 412.
PPV Araújo, caso 418.
PPV Araújo, caso 419.
PPV Araújo, caso 425.
PPV Araújo, caso 426.
PPV Araújo, caso 440.
PPV Araújo, caso 468.
PPV Araújo, caso 507.
PPV Araújo, caso 523.
PPV Araújo, caso 610.
PPV Araújo, caso 612.
PPV Araújo, caso 615.
PPV Araújo, caso 617.
PPV Araújo, caso 618.
PPV Araújo, caso 716.
PPV Araújo, caso 720.
PPV Lowrie, caso 533.
PPV Lowrie, caso 552.
PPV Lowrie, caso 603.
PPV Lowrie, caso 1044.
PPV Lowrie, caso 1504.
PPV Lowrie, caso 1622.
PPV Lowrie, caso 1622.
PPV Lowrie, caso 1680.
PPV Pagano, caso 112.
PPV Pagano, caso 211.
PPV Pagano, caso 302.
PPV Sta Olímpia, caso 468.

CMSP, avulsos

Livro de Assinaturas do VII Congresso Brasileiro de Higiene. São Paulo, 1948.

Livro de Atas do VII Congresso Brasileiro de Higiene. São Paulo, 1948.

Programa do Congresso Brasileiro de Higiene. São Paulo, 1948.

CMSP, Arquivo Geraldo Horácio de Paula Souza (GPS), documentos

CO 1938.4 – Carta de Paul Vanorden Shaw. São Paulo, 14 fev. 1938.

CO 1940.4 – Cópia de telegrama do Ministro da Agricultura, solicitando o texto da palestra feita por Paula Souza na Rádio Educadora Paulista. Rio de Janeiro, 19 abr. 1940.

CO 1940.7.1A – Carta de Mário Vilhena, secretário do Serviço de Informação Agrícola, comunica a publicação da conferência sobre "O valor alimentício da laranja". Rio de Janeiro, 17 jul. 1940.

CO 1940.7.1B – Cópia de carta de Paula Souza a Mário Vilhena, agradecendo as informações sobre a publicação de sua conferência. São Paulo, 24 jul. 1940.

CO 1942.5 – Cópia de ofício de Paula Souza a Jorge Americano, reitor da USP, e ao Conselho Universitário. Pede o reconhecimento do Centro de Estudos sobre Alimentação. São Paulo, 9 jun. 1942.

DP 1933.2 – "Carteira de estudante da Escola Livre de Sociologia e Política". São Paulo, 1933.

FO 4257 – Carta Geral do Estado de S. Paulo, mostrando todos os municípios e principais estradas de rodagem. 1923.

MI 1925.5 – Documento da The Rockfeller Foundation, apresentando os membros associados e suas respectivas áreas de estudos em várias partes do mundo. Dez. 1925.

MI s/d 24 – Orientações sobre os trabalhos que os alunos deveriam elaborar para a disciplina de Técnica Sanitária.

PI 1040.1 – Texto da palestra na Rádio Educadora Paulista, tratando sobre nutrição, bons princípios alimentares para melhoria da qualidade, barateamento dos gêneros alimentícios e, principalmente, aumento do consumo de laranjas. São Paulo, 16 abr. 1940.

PI 1926.2A e PI 1926.2B – Esquema utilizado para inspeção sanitária: topografia, meteorologia, população, estatística vital, administração pública, serviços sanitários, recursos contra doenças. Atividades para inquérito: água, dejetos, lixos e resíduos, moscas, mosquitos, leite, outros alimentos e habitações. São Paulo, 1926. Impresso (A) e datilografado (B).

PI 1939.2 – Manuscrito de artigo para o *Jornal da Manhã*. Aponta a questão alimentar no Brasil como problema econômico e educativo. Sugere que o Ministério da Previdência Social e Higiene Pública buscasse colocar em prática os restaurantes populares para disponibilizar à população pobre alimentos baratos e sadios. São Paulo, 8 fev. 1939.

PI 1939.3 – "Centro de Estudos sobre Alimentação criado pelo Decreto 9904". Ressalta a "importância da alimentação nos destinos da nação". Manuscrito de artigo para a *Folha da Noite*. São Paulo, maio 1939.

PI 1940.3 – Texto [incompleto] sobre campanha patrocinada pelo IDORT com objetivo de incentivar a melhoria da alimentação. São Paulo, 24 set. 1940.

PI 1942.4A – "Feijoarias": cópias de entrevista concedida à Agência Nacional sobre a preocupação em relação à alimentação popular. Sugere o estabelecimento de cozinhas distritais encarregadas do preparo do feijão. São Paulo, 24 mar. 1942.

PI 1942.7 – Transcrição de fala de Paula Souza na XI Conferência Pan-Americana sobre os avanços no Brasil da saúde sanitária e estudos sobre alimentação. Rio de Janeiro, 17 set. 1942.

PI 1942.15 – Texto informando que fora submetido ao governo de São Paulo o anteprojeto sobre a criação do Instituto de Alimentação e Nutrição. São Paulo, c. 1942.

PI 1944.5, 29 maio 1944 – Parecer sobre o trabalho do candidato "Gilberto" para concorrer ao prêmio "Giovanni Lorenzini", com o tema "Enriquecimento adequado da alimentação popular do Brasil".

Fontes Impressas

"A primeira feijoaria a ser instalada pelo SESI no Brasil". *Diário de São Paulo*, 25 nov. 1950.

"Destacadas personalidades dos diferentes círculos paulistas comparecem ao almoço de ontem na Cozinha Distrital do Tatuapé. Palavras do Secretário da Educação". *Diário de São Paulo*, 16 out. 1953.

"O Centro de Estudos sobre Alimentação". *Folha da Manhã*, 27 maio 1939.

"O problema da nutrição". *Folha da Manhã*, 28 maio 1939.

"SESI. Em São Paulo delegados da instituição em vários estados. Inaugurada a Cozinha Experimental Paula Souza". *O Estado de São Paulo*, 14 jul. 1951.

ALIMENTAÇÃO *do bebê e da criança*. São Paulo: Refinações de Milho, Brazil, s/d.

ALMEIDA JR., A. "Alimentação na idade escolar e pré-escolar". *BIHSP*, 15: 3-9, 1923.

_____. *Cartilha de higiene para uso das escolas primárias*. São Paulo: Instituto de Higiene, 1923.

AMARAL, Antonio Queiroz do. *Uma metodização para correção das deficiências alimentares mais evidentes.* São Paulo: Secretaria Municipal de Higiene, 1948.

AMARAL, Francisco Pompêo do. "A alimentação da população paulistana". *RAMSP*, 90: 55-87, maio/jun. 1948.

_____. *Comer para viver.* São Paulo: Revista dos Tribunais, 1939.

_____. *O problema da alimentação: aspectos médico-higiênico-sociais.* Rio de Janeiro: José Olympio, 1963.

ANAIS da Primeira Conferência Nacional do Leite. Rio de Janeiro: Cia. Nacional de Artes Graphicas, 1926.

ANAIS do Primeiro Congresso Brasileiro de Higiene, v. 1: Sessão inaugural e temas oficiais. Rio de Janeiro: Oficina Gráfica da Inspetoria de Demografia Sanitária, 1926.

ARAÚJO, Oscar Egídio de. "A alimentação da classe obreira de São Paulo". *RAMSP*, 69: 91-116, ago. 1940.

ARAÚJO, Oscar Egídio de. "Orçamentos familiares internacionais". *RAMSP*, 74: 217-232, fev./mar. 1941.

_____. "Pesquisas e estudos econômicos". *RAMSP*, out./dez. 1943.

BANNITZ, Joaquim Novais. *Centro de saúde, contendo novidades sobre alimentação nos colégios, asilos, orfanatos etc.* 2ª ed. São Paulo: Mangione, 1942.

BOTELHO, Thalino. *Acesso à alimentação racional.* 2ª ed. Rio de Janeiro: s/e, 1955.

_____. *Os pequenos fundamentos da boa alimentação.* Rio de Janeiro: Serviço de Propaganda e Educação Sanitária, 1938.

CAMPOS, Franklin Augusto de Moura. *Problemas brasileiros de alimentação.* Rio de Janeiro: SAPS, 1949.

CASTRO, Josué de. "As condições de vida das classes operárias no Recife: estudo econômico de sua alimentação". *RAMSP*, 18: 167-176, 1935.

_____. *Geografia da fome*. Rio de Janeiro: O Cruzeiro, 1946.

COSTA, Dante. *Alimentação do escolar*. Rio de Janeiro: Serviço de Documentação do Ministério da Educação e Saúde; Imprensa Nacional, 1948.

_____. *Alimentação e progresso: o problema do Brasil*. Rio de Janeiro: SAPS, 1951.

_____. *Merendas escolares: vinte e cinco sugestões de merendas para crianças escolares brasileiras*. Rio de Janeiro: Serviço Gráfico do MEC, 1939.

EVANGELISTA, José. *Alimentação e rendimento do trabalho*. Rio de Janeiro: MEC, 1954.

FONSECA, Wanda Saraiva da. *Alimentação do trabalhador nas indústrias de pólvora e explosivos*. Rio de Janeiro: SAPS, 1956.

GALVÃO, Mário da C. *Inspeção sanitária de Mogy das Cruzes*. São Paulo: Casa Druprat, 1922.

GANDRA, Yaro Ribeiro. "Inquérito sobre o estado de nutrição de um grupo da população da cidade de São Paulo". *Arquivos da Faculdade de Higiene e Saúde Pública*, 8(2): 193-207,1954.

GARCEZ, Maria Thereza Nogueira. *Inquérito das condições de alimentação entre um grupo de operários da capital*. São Paulo, PUCSP, 1943 (Mon. Conclusão Curso de Assistência Social).

GUTILLA, Clorinda. "Sobre um '*test*' de alimentação aplicado às crianças do Parque Infantil do Ipiranga". *RAMSP*, 56: 95-105, mar./abr. 1946.

IBGE. *Repertório estatístico do Brasil: quadros retrospectivos*. Rio de Janeiro: Instituto Brasileiro de Geografia e Estatística, 1986.

LOWRIE, Samuel H. "Origem da população da cidade de São Paulo e diferenciação das classes sociais". *RAMSP*, 43: jan. 1938.

_____. "Padrão de vida dos operários da limpeza pública de São Paulo". *RAMSP*, 51: out. 1938.

_____. "Ascendência das crianças registradas nos parques infantis de São Paulo". *RAMSP*, 41: nov. 1937.

MASCARENHAS, Rodolfo dos Santos; FREITAS, Adélia V. "Contribuição ao estudo da história do ensino de educação sanitária na Faculdade de Higiene e Saúde Pública da USP". *Arquivos da Faculdade de Higiene e Saúde Pública da USP*, 13(1): 243-262, jun. 1959.

MIRANDA, Nicanor. *O significado de um parque infantil em Santo Amaro*. São Paulo: Subprefeitura de Santo Amaro, 1938.

_____. *Origem e propagação dos parques infantis e parques de jogos*. São Paulo: Departamento de Cultura, 1941.

MOSCOSO, Alexandre. *Alimentação do trabalhador*. 3ª ed., Rio de Janeiro: Serviço de Propaganda e Educação Sanitária do MEC, 1940.

ORR, John e LUBBOCK, David. *Alimentação do povo em tempo de guerra*. Rio de Janeiro: CEB, 1944.

PARQUES infantis. São Paulo: Gráfica da Prefeitura, s/d.

PEREGRINO JR., João. *Alimentação, problema nacional*. Rio de Janeiro: s/e, 1941.

PIERSON, Donald. "Hábitos alimentares em São Paulo: estudo comparativo". *RAMSP*, 98: 45-79, set./out. 1944.

PINHEIRO, Mário. *Alimentação sadia: questões iniciais para divulgação entre o povo e a infância das escolas (em prol das cantinas escolares)*. Belo Horizonte: s/e, 1935.

RIBEIRO, Álvaro e BOTELHO, Thalino. *Alimentação e bem estar social: alicerces e prática da alimentação racional*. 2ª ed., Rio de Janeiro: SAPS, 1958.

RIBEIRO, Benjamim Alves. "Organização e funcionamento de um serviço médico industrial". *BIHSP*, 80: 3-33, 1943.

_____. "Princípios da alimentação do homem normal". *BIHSP*, 63: 3-29, 1938.

RIBEIRO, Samuel Leite. *A fiscalização sanitária dos gêneros alimentícios no Estado de São Paulo*. São Paulo: Faculdade de Medicina de São Paulo, 1926.

SERRANO, Isabel. *Noções de economia doméstica (de acordo com os programas para o Curso Ginasial do Ensino Secundário)*. São Paulo: Nacional, 1951.

_____. *Quando você casar*. Rio de Janeiro: A Noite, s/d [c. 1951].

SILVA, Benedito Bruno da. *A soja: sua importância na alimentação, seu emprego no pão*. São Paulo: Ed. Revista dos Tribunais, 1941.

SOUZA, Geraldo Horácio de Paula. "Aspectos do problema da água de alimentação em São Paulo". *Arquivos de Higiene e Saúde Pública*, 1(2): 109-124, dez. 1936.

_____ e WANDERLEY, L. A. "Ensaios de calorimetria alimentar". *BIHSP*, 6: 3-8, 1921.

_____; CINTRA, Antônio de Ulhoa; CARVALHO, Pedro Egídio de. "Inquérito sobre alimentação popular em um bairro de São Paulo". Separata do *BIHSP*, 58, 1935 [reed.: 1944].

VELOSO, Cleto Seabra. *Alimentação: o problema da alimentação encarado do ponto de vista fisiológico, higiênico, dietético e social.* Rio de Janeiro: Zélio Valverde, 1940.

VIVER! Mensário de força, saúde e beleza. 1938 a 1946.

ZALECKI, Gustavo. "O problema da carestia do pão em São Paulo" *RAMSP*, 44: 5-113, fev. 1938.

Documentação em Mídia Eletrônica

"Commemorative address by professor M. Cépède, independent chairman of the FAO Council". Report of the Conference of FAO [Food and Agriculture Organization of the United Nations], Special Session (Roma, 16 nov. 1970). Disponível em <http://www.fao.org/docrep/x5591E/x5591e0a.htm>, acessado em 3 fev. 2006.

"FAO and Latin América". Unasylva, 2(3). Disponível em <http://www.fao.org/docrep/x5344e/x5344e02.htm>, acessado em 8 fev. 2010.

"Ministério da Economia". Disponível em <http://letras.terra.com.br/geraldo-pereira/415459/> acessado em 4 fev. 2010.

CASTRO, Anna Maria de *et al.* "Josué de Castro – por um mundo sem fome". Disponível em <http://www.projetomemoria.art.br/JosuedeCastro/cont_livros.htm>, acessado em 20 nov. 2009.

CENTRO de História Unilever. Disponível em <http://search.unilever.com.br/search>, acessado em 28 nov. 2009.

LOPES, Márcia. "Respeitar o direito à alimentação é lei". Disponível em <http://www.mds.gov.br/noticias/artigo-respeitar-o-direito-a-alimentacao-e-lei/?searchterm=em%20quantidade,%20qualidade%20e%20regularidade%20suficientes>, acessado em 4 fev. 2010.

Jaime Rodrigues

MENDES, Rogério Baptistini. "O Dia do Trabalho, a Escola de Sociologia e Política e o salário mínimo". Disponível em <http://www.fespsp.com.br/noticias/diadotrabalho-010506-20h.htm>, acessado em maio 2008.

Legislação

CONSTITUIÇÃO dos Estados Unidos do Brasil de 10 de novembro de 1937. Disponível em <http://www.planalto.gov.br/CCIVIL/Constituicao/Constitui%C3%A7ao37.htm>, acessado em 10 fev. 2010.

CONSTITUIÇÃO dos Estados Unidos do Brasil de 18 de setembro de 1946. Disponível em <http://www.planalto.gov.br/ccivil_03/Constituicao/Constitui%C3%A7ao46.htm>, acessado em 12 fev. 2010.

Lei nº 185, de 14 jan. 1936 – Institui as comissões de salário mínimo. Disponível em <http://www6.senado.gov.br/legislacao/ListaPublicacoes.action?id=21191>, acessado em 4 fev. 2010.

Decreto-Lei nº 399, de 30 abr. 1938 – aprova o Regulamento para a execução da Lei nº 185, de 14/01/1936, que institui as comissões de salário mínimo.

Decreto nº 10.617, de 24 out. 1939 – cria, no Instituto de Higiene de São Paulo, curso destinado à formação de nutricionistas. Disponível em <http://www.al.sp.gov.br/portal/site/Internet/menuitem.f7370 45a72a1eec53700aa5cf20041ca/?vgnextoid=82ea0b9198067110V gnVCM100000590014acRCRD>, acessado em 20 set. 2008.

Decreto-Lei nº 1.238, de 2 maio. 1939 – Dispõe sobre a instalação de refeitórios e a criação de cursos de aperfeiçoamento profissional para trabalhadores. Disponível em <https://legislacao.planalto.gov.br/LEGISLA/Legislacao.nsf/fraWeb?OpenFrameSet&Frame=frmW eb2&Src=%2FLEGISLA%2FLegislacao.nsf%2FviwTodos%2Fd7

0dee46dba52ffd032569fa005ec4a0%3FOpenDocument%26Highli
ght%3D1%2C1.238%26AutoFramed>, acessado em 9 fev. 2010.

Decreto-Lei nº 2.162, de 1º de maio de 1940 – Institui o salário mínimo, e dá outras providências. Disponível em <http://www.dieese.
org.br/esp/salmin/decr40.xml>, acessado em 30 jan. 2010.

Decreto nº 15.549-A, de 15 jan. 1946 – aprova o Regulamento da
Faculdade de Higiene e Saúde Pública da USP. Disponível em
<http://www.al.sp.gov.br/legislacao/norma.do?id=66892>, acessado
em 20 set. 2008.

Decreto nº 15.552, de 24 jan. 1946 – Aprova o Regulamento do
Curso de Educadores Sanitários da Faculdade de Higiene e Saúde
Pública da USP. Disponível em <http://www.al.sp.gov.br/legisla-
cao/norma.do?id=127724>, acessado em 20 set. 2008.

Decreto nº 15.553, de 24 jan. 1946 – Aprova o Regulamento do Curso
de Nutricionistas. São Paulo: Imprensa Oficial do Estado, 1946.

Lei nº 4.090, de 13 jul. 1962. – Institui a gratificação de Natal para
os trabalhadores. Disponível em <http://www3.dataprev.gov.br/
sislex/paginas/42/1962/4090.htm>, acessado em 11 fev. 2010.

Bibliografia

ABREU, Alzira A. *et al* (coord.). *Dicionário Histórico-Biográfico Brasileiro
Pós-1930*. 2ª ed., Rio de Janeiro: Ed. da FGV, 2001.

ABREU, Edeli Simioni de *et al*. "Alimentação mundial: uma reflexão sobre a História". *Saúde e Sociedade*, 10(2), ago./dez. 2001. Disponível
em <http://www.scielo.br/scielo.php?script=sci_arttext&pid=S0104-
12902001000200002&lng=pt&nrm=iso>, acessado em 22 ago. 2007.

ALVES, Edgard Luiz Gutierrez. "Nível alimentar, renda e educação". *Estudos Econômicos*, 7(2): 27-44, 1977.

ANDRADE, Cleide Lugarini de. *A contribuição de Mário de Andrade para a Saúde Pública no estabelecimento de um projeto de educação destinado a crianças e jovens no Departamento Municipal de Cultura da cidade de São Paulo (1935-1938)*. São Paulo, FSP/USP, 2008 (Tese Dout. Saúde Pública).

ANDRADE, Manuel Correia de. "Josué de Castro: o homem, o cientista e seu tempo". *Estudos Avançados*, 11(29), abr. 1997. Disponível em <http://www.scielo.br/scielo.php?script=sci_arttext&pid=S0103-40141997000100009&lng=en&nrm=iso>, acessado em 10 jan. 2010.

ANDREWS, George Reid. *Blacks & Whites in São Paulo, Brazil (1888-1988)*. Madison: University of Wisconsin Press, 1991.

ANTONACCI, Maria Antonieta M. *A vitória da razão(?): o IDORT e a sociedade paulista*. São Paulo: CNPq/Marco Zero, 1993.

ARANTES, Antonio A. *Paisagens paulistanas: transformações do espaço público*. Campinas: Ed. Unicamp; São Paulo: Imesp, 2000.

BARELLI, Walter; ALVES, Edgard Luiz Gutierrez; MARTINI, Virgínia Glória Lopes de. "Perfil do consumo alimentar da classe trabalhadora". *Pesquisa & Debate*, 1(6): 75-80, set. 1989.

BASSANEZI, Carla. "Mulheres dos anos dourados". In: PRIORE, Mary del (org.). *História das mulheres no Brasil*. 7ª ed., São Paulo: Contexto; Ed. da Unesp, 2004.

BASTIDE, Roger e FERNANDES, Florestan. *Brancos e negros em São Paulo*. 3ª ed., São Paulo: Cia. Ed. Nacional, 1971.

BEARDWORTH, Alan e KEIL, Teresa. *Sociology on the menu: an invitation to the study of food and society*. Londres/Nova York: Routledge, 1997.

BELIK, Walter. "Perspectivas para segurança alimentar e nutricional no Brasil". *Saúde e Sociedade*, 12(1): 12-20, jan./jun. 2003.

BELLUZZO, Rosa. *São Paulo: memória e sabor*. São Paulo: Ed. da Unesp, 2008.

BELTRÃO, Jane F. *Cólera, o flagelo da Belém do Grão-Pará*. Belém: Ed. da UFPA; Goeldi Editoração, 2004.

BERTUCCI, Liane M. *Influenza, a medicina enferma*. Campinas: Ed. da Unicamp, 2004.

BLOCH, Marc. "A alimentação humana e o intercâmbio mundial segundo os debates de Hot Springs". *Entre Passado & Futuro – Revista de História Contemporânea*, 3: 4-11, abr. 2003.

BRASIL, Bettina G. *Do outro lado do muro: percepções de idosas institucionalizadas sobre a alimentação*. São Paulo, FSP/USP, 2002 (Diss. Mestr.).

BRITES, Olga. *Imagens da infância: São Paulo e Rio de Janeiro, 1930 a 1950*. São Paulo, PUCSP, 1999 (Tese Dout. História).

CADERNO Espaço Feminino, 19(1), 2008.

CAMARGO, Daisy de. *Alegrias engarrafadas: os alcoóis e a embriaguez na cidade de São Paulo no final do século XIX e começo do XX*. Assis, Unesp, 2010 (Tese Dout. História).

CAMPOS, Cristina. *São Paulo pela lente da higiene: as propostas de Geraldo Horácio de Paula Souza para a cidade, 1925-1945*. São Carlos: Rima; Fapesp, 2001.

CANABRAVA, Alice P. *O caminho percorrido*. São Paulo: ABPHE, 2003. Disponível em <http://www.abphe.org.br/arquivo/O_caminho_percorrido.pdf>, acessado em 8 fev. 2010.

CANESQUI, Ana Maria e GARCIA, Rosa Wanda Diez (orgs.). *Antropologia e nutrição: um diálogo possível*. Rio de Janeiro: Ed. da Fiocruz, 2005.

Jaime Rodrigues

CARNEIRO, Henrique e MENESES, Ulpiano Toledo Bezerra de. "A história da alimentação: balizas historiográficas". *AMP*, 5: 9-91, jan./dez. 1997.

CARNEIRO, Henrique. *Comida e sociedade: uma história da alimentação.* 2ª ed., Rio de Janeiro: Campus, 2003.

CARPINTERO, Marisa V. T. *A construção de um sonho: os engenheiros-arquitetos e a formulação da política habitacional no Brasil (São Paulo, 1917/1940).* Campinas: Ed. da Unicamp, 1997.

CARVALHO, Vânia Carneiro de. *Gênero e artefato: o sistema doméstico na perspectiva da cultura material (São Paulo, 1870-1920).* São Paulo: Edusp; Fapesp, 2008.

CASCUDO, Luis da Câmara. *Antologia da alimentação no Brasil.* Rio de Janeiro: Livros Técnicos e Científicos, 1977.

_____. *Cozinha africana no Brasil.* Luanda: Museu de Angola, 1964.

_____. *História da Alimentação no Brasil.* São Paulo: Cia. Ed. Nacional, 1967.

_____. *Prelúdio da cachaça.* Natal: Instituto do Açúcar e do Álcool, 1968.

_____. *Sociologia do açúcar.* Rio de Janeiro: Instituto do Açúcar e do Álcool, 1971.

CAVALCANTI, Nicanor Ferreira e RIBEIRO, Helena. "Condições socioeconômicas, programas de complementação alimentar e mortalidade infantil no Estado de São Paulo (1950 a 2000)". *Saúde e Sociedade*, 12(1): 31-42, jan./jun. 2003.

CAVALCANTI, Pedro e CHAGAS, Carmo. *História da embalagem no Brasil.* São Paulo: Grifo, 2005.

CHALHOUB, Sidney *et al. Artes e ofícios de curar no Brasil.* Campinas: Ed. da Unicamp, 2003.

COLLOMB, Philippe & CIPARISSE, Gerard. "Les voies de la transition de la sécurité alimentaire: quelques conditions pour une couverture alimentaire mondiale". Disponível em <http://www.icarrd.org/po/icarrd_docs_others.html>, acessado em 10 nov. 2009.

COLLUCCI, Sandra Regina. *Mães, médicos e charlatães: configurações culturais e múltiplas representações dos discursos médico-sanitaristas (São Paulo, 1920-1930).* São Paulo: Scortecci, 2008.

COSTA, Jurandir Freire. *Ordem médica e norma familiar.* Rio de Janeiro: Graal, 1979.

COSTA, Olavo Viana. "Pesquisa de condições de vida". *São Paulo em Perspectiva,* 17 (3-4), jul./dez. 2003. Disponível em <http://www.scielo.br/scielo.php?pid=S0102-88392003000300015&script=sci_arttext&tlng=>, acessado em abr. 2008.

CUNHA, Maria Clementina Pereira. *O espelho do mundo: Juquery, a história de um hospício.* Rio de Janeiro: Paz e Terra, 1986.

DECCA, Maria Auxiliadora G. *A vida fora das fábricas: cotidiano operário em São Paulo (1920-1934).* Rio de Janeiro: Paz e Terra, 1987.

DIÉGUEZ, Carla Regina Mota Alonso e VECCHIO, A. (orgs.). *As pesquisas sobre padrão de vida dos trabalhadores da cidade de São Paulo: Horace Davis e Samuel Lowrie, pioneiros da sociologia aplicada no Brasil.* São Paulo: Escola de Sociologia e Política, 2008.

FARIA, Lina Rodrigues de. "Educadoras sanitárias e enfermeiras de saúde pública: identidades profissionais em construção". *Cadernos Pagu,* 27, jul./dez. 2006. Disponível em <http://www.scielo.br/scielo.php?script=sci_arttext&lng=pt&nrm=iso&tlng=pt&pid=S0104-83332006000200008>, acessado em 25 nov. 2009.

FISBERG, Regina M.; MARTINI, Ligia A. e SLATER, Betzabeth. "Métodos de inquéritos alimentares". In: FISBERG, Regina M.; SLATER, Betzabeth; MARCHIONI, Dirce M. L. e MARTINI, Lígia A. (orgs.). *Inquéritos alimentares: métodos e bases científicas*. Barueri: Manole, 2005, p. 1-31.

FISCHMANN, Roseli. "Educação, alimentação e economia: uma relação de coerência ou contradição?" *Educação e Sociedade*, 8(24): 75-98, ago. 1986.

FLANDRIN, Jean-Louis e MONTANARI, Massimo (orgs.). *História da alimentação*. São Paulo: Estação Liberdade, 1998.

FONTES, Paulo. *Um Nordeste em São Paulo: trabalhadores migrantes em São Miguel Paulista (1945-1966)*. Rio de Janeiro: Ed. da FGV, 2008.

FRANCISCO, Luís Roberto de. "A gente paulista e a vida caipira". In: SETÚBAL, Maria Alice (coord.). *Terra Paulista, v. 2 - Modos de vida dos paulistas: identidades, famílias e espaços domésticos*. São Paulo: IMESP; CENPEC, 2004, p. 23-49.

FRANCO, Ariovaldo. *De caçador a gourmet: uma história da gastronomia*. São Paulo: Ed. Senac/SP, 2001.

FREYRE, Gilberto. *Nordeste: aspectos da influência da cana sobre a vida e a paisagem do Nordeste do Brasil*. Rio de Janeiro: José Olympio, 1951.

GABACCIA, Donna R. *We are what we eat: ethnic food and the making of Americans*. Cambridge: Harvard University Press, 1998.

GARCIA, Rosa W. Diez. *A comida, a dieta, o gosto: mudanças na cultura alimentar urbana*. São Paulo, Instituto de Psicologia/USP, 1999 (Tese Dout.).

GIARD, Luce. "Cozinhar". In: CERTEAU, Michel de *et al* (orgs.). *A invenção do cotidiano, v. 2: morar, cozinhar.* 6ª ed., Petrópolis: Vozes, 2005, p. 211-332.

GRANGEIRO, Cândido Domingues. *As artes de um negócio: a febre photographica (São Paulo, 1862-1886).* Campinas: Mercado de Letras; São Paulo: Fapesp, 2000.

GRONSTEIN, Marta Dora. *A cidade clandestina: os ritos e os mitos. O papel da irregularidade na estruturação do espaço urbano no município de São Paulo, 1900-1987.* São Paulo, Faculdade de Arquitetura e Urbanismo/USP, 1987 (Tese Dout.).

GUIMARÃES, Olmária. *O papel das feiras-livres no abastecimento da cidade de São Paulo.* São Paulo: Instituto de Geografia da USP, 1979.

HECK, Marinna e BELLUZZO, Rosa. *Cozinha dos imigrantes: memórias & receitas.* São Paulo: DBA/Melhoramentos, 1998.

HOCHMAN, Gilberto e ARMUS, Diego. *Cuidar, controlar, curar: ensaios históricos sobre saúde e doença na América Latina e Caribe.* Rio de Janeiro: Ed. Fiocruz, 2004.

IBANHEZ, Lauro César. *O discurso político-ideológico e o projeto racionalizador do Instituto de Organização Racional do Trabalho (IDORT) na década de 1930.* São Carlos, Univ. Fed. de São Carlos, 1992 (Dissert. Mest.).

ISHII, Midori. *Hábitos alimentares de segmentos populacionais japoneses: histórico da natureza e direção de mudança.* São Paulo, FSP/USP, 1986 (Tese Dout.).

KIPLE & KING, Virgínia H. *Another dimension to the black diaspora: diet, diseases and racism.* Cambridge, 1981.

KIPLE, Kenneth (org.). *The Cambridge World History of Food,* 2000.

LEMOS, Carlos. "Os primeiros cortiços paulistanos". In: SAMPAIO, Maria Ruth Amaral de (coord.). *Habitação e cidade*. São Paulo: FAU/USP; Fapesp, 1998.

LHUISSER, Anne. *Alimentation populaire et réforme sociale: les consommations ouvrières dans le second XIXᵉ siècle*. Paris: Maison des Sciences de l'Homme; Quae, 2007.

LIMA, Claudia. *Tachos e panelas: historiografia da alimentação brasileira*. Recife: Ed. da autora, 1999.

LIMA, Eronides da Silva. *Gênese e constituição da educação alimentar: a instauração da norma*. São Paulo, PUCSP, 1997 (Tese Dout. Educação).

_____. *Mal de fome e não de raça: gênese, constituição e ação política da educação alimentar (Brasil, 1934-1946)*. Rio de Janeiro: Ed. Fiocruz, 2000.

LIMONGI, Fernando. "Escola Livre de Sociologia e Política em São Paulo". In: MICELI, Sérgio *et al* (org.). *História das Ciências Sociais no Brasil*. São Paulo: Vértice; Ed. Revista dos Tribunais; Idesp, 1989, p. 217-33.

LORIMER, Rosemeire B. *O impacto dos primeiros séculos de história da América na formação da brasilidade alimentar*. São Paulo, FSP/USP, 2001 (Tese Dout. Saúde Pública).

MACHADO, Cassiano Elek. " 'História da Cidade de São Paulo' conta em quase 2000 páginas 400 anos da capital paulista". *Folha de S. Paulo*, 16 jan. 2005, p. E-8.

MAYOL, Pierre. "Morar". In: CERTEAU, Michel de *et al* (orgs.). *A invenção do cotidiano, v. 2: Morar, cozinhar*. 6ª ed., Petrópolis: Vozes, 2005, p. 37-185.

MIRANDA, Ana. *Amrik*. São Paulo: Companhia das Letras, 1997.

MONDINI, Lenise e MONTEIRO, Carlos A. "Mudanças no padrão de alimentação da população urbana brasileira (1962-1988)". *Revista de Saúde Pública*, 28(6): 433-439, dez. 1994.

MONTANARI, Massimo. *A fome e a abundância: história da alimentação na Europa*. Bauru: Edusc, 2003.

MOTT, Maria Lúcia *et al*. *O gesto que salva: Pérola Byington e a Cruzada Pró-Infância*. São Paulo: Grifo, 2005.

NAGLE, Jorge. *Educação e sociedade na Primeira República*. São Paulo: EPU, 1974.

NASCIMENTO, Dilene Raimundo do e CARVALHO, Diana Maul de (orgs.). *Uma história brasileira das doenças*. Brasília: Paralelo 15, 2004.

OLIVEIRA, Corinta M. de. *Arautos da nutrição: uma palavra em "merenda escolar". Elementos na investigação da "fome" brasileira*. Itabuna: Agora, 2003.

PASSMORE, R. "Obituary Notice: W. R. Aykroyd". *British Journal of Nutrition*, 43(2): 245-250, 1980.

PEIRÃO, Maria Elizabeth *et al*. *Arquitetura escolar paulista: 1890-1920*. São Paulo: FDE, 1991.

PÉRISSÉ, J. "Energy and protein requirements: past work and future prospects at the international level". Texto apresentado no Colóquio do Centre National des Expositions et Concours Agricoles (CENECA), Paris, mar. 1981. Disponível em <http://www.fao.org/DOCREP/MEETING/004/M2995E/M2995E00.HTM>, acessado em 10 jan. 2010.

PHILIPPI, Sonia Tucunduva e COLUCCI, Ana Carolina Almada. "São Paulo". In: FISBERG, Mauro *et al*. *Um, dois, feijão com arroz: a alimentação no Brasil de norte a sul*. São Paulo: Atheneu, 2002.

PORTA, Paula (org.). *História da cidade de São Paulo*. 3 v. São Paulo: Paz e Terra, 2005.

REVISTA *Estudos Históricos*, 33, jan./jun. 2004 [Dossiê Alimentação]

REVISTA *História: Questões & Debates*, 22(42), jan./jun. 2005 [Dossiê Alimentação].

REVISTA *Saúde e Sociedade*, 12(1), jan./jun. 2003 [Dossiê Fome, Pobreza e Saúde Pública].

RIAL, Carmen. *Brasil: primeiros escritos sobre comida e identidade.* Florianópolis: UFSC, 2003.

ROCHA, Heloísa Helena Pimenta. *A higienização dos costumes: educação escolar e saúde no projeto do Instituto de Hygiene de São Paulo - 1918/1925.* Campinas: Mercado de Letras; São Paulo: Fapesp, 2003.

ROCHA, Rui. *A viagem dos sabores: ensaio sobre a historia da alimentação (século IX-XIX) seguido de 100 receitas em que vários mundos se encontram.* Lisboa: Inapa; CNCDP, 1998.

RODRIGUES, Jaime e BARBIERI, Márcia (orgs.). *Memórias do cuidar: setenta anos da Escola Paulista de Enfermagem.* São Paulo: Ed. Unifesp, 2010.

RODRIGUES, Jaime e VASCONCELLOS, Maria da Penha C. "A fotografia como instrumento do trabalho do higienista (São Paulo, primeira metade do século XX)". *História, Ciências, Saúde: Manguinhos*, 13(2): 477-491, abr./jun. 2006.

_____. "A guerra e as laranjas: uma palestra radiofônica sobre o valor alimentício das frutas nacionais (1940)". *História, Ciências, Saúde: Manguinhos*, 14(4): 1401-1414, 2007.

RODRIGUES, Jaime. "Alimentação popular em São Paulo (1920 a 1950); políticas públicas, discursos técnicos e práticas profissionais". *AMP*, 15(2): 221-255, 2007.

_____. "Arquivo 'Geraldo Horácio de Paula Souza': um acervo sobre História e Saúde". *Patrimônio e Memória*, 4(1): 1-15, 2008.

_____. "Da 'chaga oculta' aos dormitórios suburbanos: notas sobre higiene e habitação operária na São Paulo de fins do século XIX". In: CORDEIRO, S. L. (org.). *Os cortiços de Santa Ifigênia: sanitarismo e urbanização em São Paulo (1893)*. São Paulo: Arquivo Público do Estado de São Paulo; Imprensa Oficial do Estado de São Paulo, 2010, p. 79-90.

_____. *De costa a costa: escravos, marinheiros e intermediários do tráfico negreiro de Angola ao Rio de Janeiro (1780-1860)*. São Paulo: Companhia das Letras, 2005.

_____. "Estou encostada junto com os meus pais porque eu não tenho casa para morar". *Revista de Historia Iberomericana* [Santiago], 2: 86-103, 2009.

_____. *Inventário analítico do Arquivo Geraldo Horácio de Paula Souza*. São Paulo: FSP/USP, 2006.

_____. "Por uma história da alimentação na cidade de São Paulo (décadas de 1920 a 1950)". *Revista de Estudios Sociales* [Bogotá], 33: 118-128, 2009.

_____ (org.). *A Universidade Federal de São Paulo aos 75 anos: ensaios sobre história e memória*. São Paulo: Ed. Unifesp, 2008.

SANT'ANNA, Denise B. de. "Bom para os olhos, bom para o estômago: o espetáculo contemporâneo da alimentação". *Pro-Posições* [Campinas], 14(2): 41-42, maio/ago. 2003.

SANTOS, Carlos R. dos. *História da alimentação no Paraná*. Curitiba: Fundação Cultural, 1995

SANTOS, Maria Walburga dos. *Educadoras de parques infantis em São Paulo: aspectos de sua formação e prática entre os anos de 1935 e 1955*. São Paulo, Faculdade de Educação/USP, 2005 (Dissert. Mest.).

SCHÁVELZON, Daniel. *El laberinto del patrimonio cultural: como gestionarlo em uma gran cuidad*. Buenos Aires: APOC, 2008.

SCHUELER, Alessandra Frota Martinez de e MAGALDI, Ana Maria Bandeira de Mello. "Educação escolar na Primeira República: memória, história e perspectivas de pesquisa". *Tempo*, 13(26): 32-55, 2009. Disponível em <http://www.scielo.br/scielo.php?script=sci_arttext&pid=S1413-77042009000100003-&lng=pt&nrm=iso&tlng=pt>, acessado em 10 fev. 2010.

SCHWARTZMAN, Simon; BOMENY, Helena Maria Bousquet e COSTA, Vanda Maria Ribeiro. *Tempos de Capanema*. São Paulo: Paz e Terra; Rio de Janeiro: Ed. FGV, 2000.

SERVICE des Archives de l'Institut Pasteur. "Repères chronologiques: Etienne Burnet (1873-1960)". Disponível em <http://www.pasteur.fr/infosci/archives/bur0.html>, acessado em 2 fev. 2010.

SILVA, Alberto Carvalho da. "De Vargas a Itamar: políticas e programas de alimentação e nutrição". *Estudos Avançados*, 9(23): 87-107, jan./abr. 1995.

SILVA, João Luiz Máximo da. *Cozinha modelo: o impacto do gás e da eletricidade na casa paulistana (1870-1930)*. São Paulo: Edusp, 2008.

SIMÕES, Júlio Assis. "Um ponto de vista sobre a trajetória da Escola de Sociologia e Política". In: KANTOR, Íris *et al* (orgs.). *A Escola Livre de Sociologia e Política: anos de formação (1933-1953), depoimentos*. São Paulo: Escuta, 2001.

SOARES, José Maurício. "Custo de vida e salário". *Anais do Terceiro Encontro Regional de Tropicologia* [Aracaju, 1986]. Recife: Massangana, 1990.

TAKASU, Sueli K. *Sabores brasileiros: o Brasil colonial à mesa.* São Paulo, FSP/USP, 2000 (Dissert. Mestrado Saúde Pública).

THOMPSON, E. P. *A formação da classe operária inglesa.* Rio de Janeiro: Paz e Terra, 1987.

TURRIN, Angela. "Gestión de los resíduos sólidos em la administración local: Ayuntamiento de Cotia, Brasil". Disponível em <mgpucm. googlepages.com/AngelaTurrin.pdf>, acessado em 12 fev. 2010.

VALLADARES, Licia do Prado (org.). *A Escola de Chicago: impacto de uma tradição no Brasil e na França.* Belo Horizonte: Ed. UFMG; Rio de Janeiro: IUPERJ/UCM, 2005.

VASCONCELOS, Francisco de Assis Guedes de. "O nutricionista no Brasil: uma análise histórica". *Revista de Nutrição,* 15(2): maio/ago. 2002.

VASCONCELLOS, Maria da Penha C. (coord.); MACIEL, Laura Antunes (org. e texto). *Memórias da saúde pública: a fotografia como testemunha.* São Paulo: Hucitec/ABRASCO, 1995.

VICENTINI, Paula Perin. "Imagens de professores: a visibilidade dos profissionais na Revista do Professor (São Paulo, 1934-1965)". *Educação em Revista* [Belo Horizonte], 32: 21-56, dez. 2000.

VOLPI, Alexandre. *A história do consumo no Brasil.* Rio de Janeiro: Elsevier, 2007.

WEINDLING, Paul. "As origens da participação da América Latina na Organização de Saúde da Liga das Nações, 1920 a 1940". *História, Ciências, Saúde-Manguinhos,* 13(3), set. 2006. Disponível em <http://www.scielo.br/scielo.php?script=sci_arttext&pid=S0104-59702006000300002&lng=en&nrm=iso>, acessado em 9 fev. 2010.

Agradecimentos

Desde que iniciei a pesquisa para este livro, em 2005, pude contar com a colaboração e a disponibilidade de inúmeras pessoas. Relembrar de todas agora significa correr um risco, pois é possível que alguns dentre os que estiveram presentes ao longo do percurso não se vejam aqui. Espero ser o menos injusto possível.

Inicialmente, agradeço à Fapesp pela bolsa e pelo auxílio à pesquisa, sem os quais o projeto que resultou neste livro não existiria. À Maria da Penha Vasconcelos, psicóloga que aceitou supervisionar o pós-doutorado de um historiador na Faculdade de Saúde Pública da Universidade de São Paulo, período em que escrevi versões de partes dos textos aqui reunidos. Os competentes profissionais reunidos no Centro de Memória daquela instituição, ao longo de 2005 e 2006, foram interlocutores fundamentais para a elaboração e o andamento dos trabalhos: Cleide Lugarini de Andrade, Carlos Eduardo Ogawa, Nina May Olsen e Vinicius Prossi de Moraes. Parceiros ainda nesse período foram Romilda Costa Mota e Thomaz S. Dulci, que labutaram de modo árduo na pesquisa, colhendo dados no Centro de Memória da Saúde Pública e no Arquivo Histórico Municipal de São Paulo. Sem eles e dezenas de cafés matinais, tudo seria bem mais difícil e muito menos divertido.

Versões de partes do texto, publicadas anteriormente, receberam o aval de historiadores e editores. Agradeço particularmente a Jaime Larry Benchimol, Paulo César Garcez Marins, Vânia Carneiro de Carvalho, Natalia Rubio e Fernando Purcell. Na Unifesp, o convívio com meus colegas e alunos foi estimulante, levando-me a querer ver reunidos em livro os escritos que vinham sendo produzidos e revistos enquanto o tempo passava. Pelo apoio e amizade, agradeço em especial a Luigi Biondi, Wilma Peres Costa, Patrícia Santos Schermann, Edilene Toledo, Stella Maris Franco Vilardaga, Karen Macknow Lisboa e Luis Filipe Silvério Lima. Com este último discuto, em tom de galhofa, se o mais necessário aos homens é comer ou sonhar... Desde o título, este livro aponta minha preferência pela vida material.

Com esses e outros colegas, como Alexandre P. Godoy, Fábio Franzini, Glaydson José da Silva, Maria Luiza Ferreira de Oliveira, Maria Rita Toledo e muitos outros, tenho a certeza de estarmos construindo uma história consistente em uma universidade nova e promissora que estamos a construir. Silvia Helena de A. Bueno, Maurício Antunes, Fernanda Nichterwitz e Gabriela Rezende, meus bolsistas em outros projetos tocados de forma simultânea à pesquisa que resultou neste livro, ajudaram-me a refletir sobre a relevância do cruzamento de temas de História e Saúde Pública em distintas temporalidades.

Laura Antunes Maciel, parceira intelectual de muito tempo, colocou à minha disposição textos, dicas e sua casa no Rio de Janeiro, base para as pesquisas em instituições cariocas. Pela convivência e confiança, não posso deixar de agradecer a Durval Rosa Borges, Márcia Barbieri e Janine Schirmer. Pela amizade de todas as horas, base sobre a qual este e outros projetos de vida foram tomando forma, agradeço a Denise B. S., Eliete, Lelo, Gislane, Reinaldo, Ebe, Emília, Cândido, Alexandre, Eliane, Ivan, Vima, Mônica, Ana Maria, Marta Emísia, Regina Ilka, Silvana Jeha, Antonio Paulo Manoel, Alessandra, Lu, Gui, Fernanda,

Antonieta, Olga, Rosário, Lúcia Helena, Regina Xavier, Cássia, Leila, Flávia e Hermann. Parecem muitos, mas amigos nunca são demais.

Glaucia, mulher com quem compartilho tudo, é uma presença constante, firme e ao mesmo tempo suave, questionadora e companheira. Sem ela, nada disso e o que ainda virá existiriam. Pela alegria, meus queridos João Pedro, Bruno e Ana Clara são um alento revigorante. Meu pai, que me ensinou muitas coisas e educou grande parte do meu gosto (alimentar, inclusive), se foi sem conhecer este resultado. Quero crer que ele teria se orgulhado, assim como eu me orgulho de sua vida de trabalho e de retidão. Ao operário que ele foi, dedico o livro.

Abreviaturas

AHMSP/DC/DEDS – Arquivo Histórico Municipal de São Paulo, Fundo Prefeitura Municipal, grupo Departamento de Cultura, subgrupo Divisão de Estatística e Documentação Social

AMP – Anais do Museu Paulista

BIHSP – Boletim do Instituto de Higiene de São Paulo

CMSP – Centro de Memória da Saúde Pública

FSP/USP – Faculdade de Saúde Pública da Universidade de São Paulo

PPV – Pesquisa de Padrão de Vida

PUCSP – Pontifícia Universidade Católica de São Paulo

RAMSP – Revista do Arquivo Municipal de São Paulo

SAPS – Serviço de Alimentação da Previdência Social

USP – Universidade de São Paulo

Esta obra foi impressa em Santa Catarina na primavera de 2011 pela
Nova Letra Gráfica & Editora. No texto foi utilizada a fonte Adobe
Caslon Pro, em corpo 10 com entrelinha de 15 pontos.